パチンコ裏物語
最大暴露編

阪井すみお

彩図社

はじめに

本日は、『パチンコ裏物語　店長大暴露編』をご指名、ご来店いただきまして誠にありがとうございます。

ぼくは、しがないパチンコ店員として20年、北は北海道から南は九州までフラフラ放浪してきました。本書は、そんなパチンコ店員生活の中で見聞きした驚き呆れるパチンコ屋の実態と、そこに集う奇人変人たちの話をまとめた「パチンコ裏物語シリーズ」の第3弾です。

前作、前々作では、ぼくが一店員として見たパチンコ屋の実態について書いたのですが、読者の方々から様々な意見をいただきました。

「おもしろい」「よくぞ言ってくれた」「納得した」などの好評をいただいた反面、「嘘つき」「話を盛りすぎ」「万年パチンコ店員の愚痴レベル」等など、手厳しい意見もいただきました。

その中でも多かったのが、パチンコ屋のもっと深い部分、すなわち、「遠隔操作」や「ホルコン伝説」の真偽、「釘調整の法則」「パチンコ屋の儲けの裏側」などについてもっと知りたいというものでした。

折り良く、前作出版後、ぼくは自分のブログなどを通して、現役・元店長諸氏及び業界関係者などとやり取りをする機会をもつようになりました。

そこで、彼らに、読者の方々からいただいた質問をぶつけてみたのです。その結果見えてきたのは、パチンコ業界の更なる闇。店長などの役職者だけが知っている、パチンコ業界の驚くべき姿でした。その驚愕の大暴露の数々をまとめたのが本書です。

本書は全体を大きく4章に分けています。

第1章『店長が明かす「噂の真相」』では、ホルコンの正体、顔認証システムと遠隔操作の実態、パチンコ攻略法や釘調整の法則など、パチンコファンの間でまことしやかに囁かれる「噂の真相」を、店長にここだけの話として明かしてもらいました。

第2章『パチンコ屋の儲けのカラクリ』では、ボーダーラインの現実や、脱税問題、三店方式と換金問題など、知られざるパチンコ屋の儲けの仕組みについての話をまとめました。

第3章『パチンコ店店長の生態』では、謎に包まれたパチンコ店店長の仕事を紹介。

第4章『痛すぎるパチンコ屋の実情』では、パチンコにまつわる本当にあった衝撃のエピソードを集めました。

ここ数年、パチンコ業界を巡る環境は著しく変化し続けています。

東日本大震災による節電問題、広告規制、新台価格の高騰及び入れ替えサイクルの高速化、4円MAX機の更なるギャンブル化、そして消費税の増税……、状況は年々悪化の一途を辿っています。

パチンコにまつわる規制も徐々に厳しくなり、モーニングやイベントなど昔は当たり前のように行われていたことがほぼできなくなりました。

そんな中で、パチンコ屋の経営スタイルは客に対して益々厳しくなっています。今まで以上に「回らない」「遊べない」「貸し玉が少ない」のは当たり前。パチンコファンの不満の声は……もはや声を上げる気力もなく、黙ってパチンコから足を洗う人が増えているようです。

パチンコ業界全体が不況であえぐ今、ホールの裏側では何が行われているのでしょうか。その驚きの実態は本書をお読みいただければ自ずと明らかになることでしょう。

それではみなさま、大変お待たせ致しました。『パチンコ裏物語　店長大暴露編』只今より開店とさせていただきます。読者のみなさまにおかれましては、お時間の許します限り、ごゆっくりとお楽しみくださいませ。

阪井すみお

パチンコ裏物語　店長大暴露編

目次

第2章 パチンコ屋の儲けのカラクリ 59

第3章

パチンコ店店長の生態 99

第4章 痛すぎるパチンコ屋の実情 153

第1章
店長が明かす
「噂の真相」

1　遠隔操作は存在するのか？

「最近、本当に勝てないんだよ」

消費税の増税後、こんな言葉を聞く機会が増えた。これまでもただでさえ出ていなかったパチンコ、スロットが近頃ますます出なくなっているように感じているのはぼくだけではないようだ。

「店が台を遠隔操作して、玉が出ないように調整をしている」

玉があまりにも出ないためか、パチンコファンの間では相変わらずこんな噂がまことしやかに囁かれている。

遠隔操作については、第1弾の『パチンコ裏物語』にも書いた。昔、勤めていた店で台の裏から怪しい線が延びているのを見つけて店長に尋ねたところ「アースだ」という答えが返ってきたのである。

後にこの店が閉店し、店長と昔話を電話でしていた時に「実は遠隔操作をしていた」と認めた。ちなみに「証拠も見せようか？」と言われたがそれは丁寧にお断りした。ぼくも不正行為に加担していたと思われると迷惑だからである。

遠隔操作は存在する——このように書いたところ、業界人から驚くほどの反響があった。「よくぞ書いてくれた！」などというお褒めの言葉は一切なく、「そんなことは出鱈目だ」「今も昔も遠隔などない！　この嘘つき!!」「99・99999％ない！」というような罵詈雑言の雨あられである。

遠隔操作が存在したのは紛れもない事実である。過去にぼくが勤めていた店にもあったし、調べてみると、平成19年の4月に横浜のパチンコ店が遠隔操作で摘発を受けたことが報道されている。この店では、台に遠隔操作をすることができる部品を取り付け、それを店長室のパソコンから操作して目当ての台に大当たりが起こるようにしていたという。

また、平成23年7月には、大阪市此花区四貫島のパチンコ店が遠隔操作で摘発されたこともニュースになった。この件に関しては取材がてら大阪の業界人と飲んだ折には四貫島のパチンコ屋の話になり、「信じられない事だがやはり遠隔操作は存在する」という結論になった。

この店はＩＣチップを不正に取り付けて確率を操作していたらしい。しみじみした口調で

「……遠隔の店だとは思わなかった」と語る姿を見ながら、真面目に仕事をしている方にはショックだったのだろうと思った。

遠隔操作については、やっている店の数が多いか少ないかと言うのは問題ではない。「やっている店がある」という事実は事実として受け止めなければならないという事だ。事実を無視して「ない」と言い切るのは愚の骨頂だろう。

寄せられた反響の中には、「遠隔操作は昔の話」「今はない」という意見もあった。「今はないと言うその根拠は?」と尋ねると、「遠隔が発覚すると営業取り消しになる。何十店舗もあるチェーン店がリスクを負ってまで遠隔操作はしない」と言う。

確かに、昔と今では規制も格段に厳しくなり、デメリットが大きくなったのは事実だろう。遠隔操作の手口については、ホールコンピュータ、もしくは事務所のパソコンから通常の中継基板や不正装置を経由して遊技台を操作し1台1台個別操作するタイプと、1島ごとに操作するタイプに分かれている。

ぼくの勤務していた店は個別操作ではなく、1島ごとに管理しランダムに大当たりを発生させるタイプだったらしい。遠隔操作で出玉管理するのだから釘調整など無意味というか実際、非常に適当だった。何しろこの店、ヘソに玉が乗るのは当たり前。営業時間中に釘を直すのも当たり前。そういう悪い店を見続けてきたせいであろうか、最近のパチンコのあまりに酷い釘調整を見るにつけ、「こんな赤ん坊が打ったような釘調整で堂々と営業できるとは、何かやっている店なのでは？」と疑ってしまう自分がいる。

実際に現場で働く人たちは遠隔操作をどのように捉えているのだろうか——ぼくのブログにコメントを寄せてくれた現役店長、関係者諸氏に意見を聞いてみた。

「遠隔操作は現実的なものではない様に感じます。私の身の回りでは、そういうことは一切なかったです。逆に、そういうシステムがあればいいな！　と妄想していたくらいです。毎日、毎日、データを分析して、『今月の予算はこうだから、明日はどう調整しようか？』『週末だから？』『休日だから？』『イベントだから？』とその状況に合わせて考え、実際に釘を叩くのは重労働です……」

釘を叩くために、休みの日や閉店後、あるいは日が昇る前の早朝に出勤しなければならない店長の苦労は計り知れない。遠隔操作があればそんな苦労をする必要もなくなるはずだ。ある意味、「仕事が辛い」と言うのは遠隔操作をしていない店であれば当然の意見である。

ちなみに遠隔操作の店の店長は思い出すほどに、仕事らしい仕事をしていなかった。釘調整10分程度、出勤時間30分以下である。

話を元に戻そう。

「もし遠隔操作ができたら、回転数が合わずに嘆くことも、粗利がショートして焦ることも、出そうと思っても出なかったり、利益確保のつもりが大盤振る舞いをしてしまったり……そんな苦労もせずに済みます。システムが本当に合法化されれば導入したいと思いますよ」

別の店長も言う。

「遠隔操作ができれば、会社側も社員に釘や計数管理の勉強をさせる必要はありませんし、高いお金を払って釘師を雇う必要もありません。釘のゲージ表を毎月会費を払って購入する必要もありませんし……もっと言うと、それがあればこんなに回らないパチンコにはなっていないと思います。どれだけ回っても遠隔操作が出来るのなら、どこよりも回しますからね。まあ、釘調整は違法であくまでもメンテナンスという話ですが……」

このような意見もある。

「どこぞの悪徳オーナーが使っているということも、ひょっとすればあるかもしれません。ですがそれを業界全体でやっているという認識は、間違っていると言わざるを得ないですね」

現場の声をまとめると「遠隔操作はないとは言わないが、あったとしても例外中の例外」という事であろう。

だが、ここまで話を聞いても、長年業界を見続けてきたぼくは素直に「100％遠隔操作は存在しない」とは言えない。

パチンコ業界は黒に近いグレーの塊で、「長年の慣習」「既得権」とはっきり口には出さないまでも「自由な営業」を今日まで続けてきた業界である。

また、遠隔操作は過去に幾度も「ない」と言われながらも存在してきたのだから、「今はない」と言われても、どの口が言うのだと感じてしまう。「ない、ない、と言いながらあるのではないか」というのがぼくの偽らざる意見である。

遠隔操作は技術的には十分可能である。そして、使うか使わないかは店次第である。これが事実だ。昔はあった。今は不正撲滅に力を入れている。そういう事だろう。

そんな状況の中で本当に健全化を謳うなら、隠したいであろう過去の事実を無かったものにせず、暗部を認めたうえで改革していかなければパチンコで負け続けているファンは納得しないと思う。

倫理や罰則を持ち出して業界側から「ない」「過去のもの」と断言しても説得力がない。

ファンの方から「遠隔操作はない」と声が出た時、初めて遠隔問題は解決するのだと思う。

2　ホールコンピュータで出玉の調整ができるか？

さきほど遠隔操作の話をしたが、パチンコ業界には、遠隔操作にちなんで昔から根強く噂され続けていることがある。

それは、「パチンコ屋は売上を達成するために、『ホルコン』で出玉を操作しているのではないか」というものだ。

「ホルコン」を知らない方のために一応説明しておくが、「ホルコン」とはホールコンピュータのことで、パチンコファン曰く、当たりや出玉率を自動調整、電圧調整で遠隔操作できる魔法のようなコンピュータらしい。

「同じ島で一斉に大当たりが出る不思議な現象を見た！」

「出ている台の隣はなぜか出ない。出玉調整をやっている」

「ホルコンを利用した遠隔操作の特許も申請されている」

などなど、ホルコン伝説を述べればきりがない。

実際に、『パチンコ裏物語』を読んでくれた読者から、こんな質問をされたことがある。
「今の世の中、コンピュータの力を借りて生活が成り立っている。パチンコ屋もホルコンの導入で利益が安定的に確保できるのではないですか？」

確かに、ホールコンピュータは実在する。ホールコンピュータ、略して「ホルコン」については ぼくの3冊目の本である『パチンコ裏物語ＤＸ』にも書いたが、業界人はホルコンではなくホールコンと呼ぶものだ。

ホールコンとは何であろう。ウィキペディアによれば、
「パチンコ・パチスロ台から出た信号を呼出ランプや島コンや台コンなどの中継機器を経由し、それらからＬＡＮ接続され、各台がどの程度の出玉を出したか（いわゆる『差玉情報』）等の各種統計情報をリアルタイムに収集し、パチンコ店の経営管理に利用する」

――と書かれている。つまり「各台の情報収集端末」である。

ホールコンはぼくが働き始めた頃からパチンコ屋に設置してあった。当時はスーパーのレジのレシートのような紙にデータを出力する程度の図体ばかり大きなコンピュータで、現在使われているノートパソコンのような高性能の優れものではなかった。

ぼくは手打ちパチンコの時代を知らないので、当時のパチンコ屋がどのようにデータ収集をしていたのか、ホールコンをどの時代に導入したのかはわからない。導入時期のわかって

いる方がいたら情報を寄せていただきたいと思う。

余談だが、情報収集端末としてのホールコンではなく「情報公開機器」の先駆けであるダイコク電機のデータロボが導入され始めたのは1993年である。それまでのパチンコ屋は大当たり回数を島の上に取り付けた日めくりカレンダーのような0〜9まで書かれたプラスチック板の数字をめくって回数を表示していた。

時々、大当たり回数0回なのに適当な数字を悪戯してめくっている客や店員もいて、まったく信用に値しない「人力による回数表示プレート」だったが、データロボが世に出るほんの20年前まではそんなモンだったのである。

話を元に戻そう。

ホールコンが何でもできる魔法の箱と勘違いしている方がいるようなので、遊技産業の健全化を目指す団体である遊技産業健全化推進機構がHP上で公開している、〈機構ニュース〉（2011年11月号）の『店長に求められる知識』よりホールコンの説明を引用する。

「ホールコンピュータは、遊技台あるいは周辺設備が発信する信号からデータを算出しています。その元となる信号が6種類しかないことをご存知でしょうか」

６種類の信号とは、

・アウト玉…………打ち込まれた玉
・セーフ玉…………遊戯台が払い出した玉
・売上玉……………「玉貸」ボタンを押して貸し出される玉
・スタート…………図柄の変動した回数
・特賞………………図柄がそろいアタッカーが開放している状態
・確率変動・時短……特賞が高確率の状態、図柄変動が短縮される状態

である。

ホールコンの画面に表示されるデータは、これらの信号を四則演算（＋、－、×、÷）で算出した結果にすぎない。

つまり何度も言うが、ホールコンは単なるデータ収集管理ツールであり「データ自動修正送信ツール」ではないのだ。

以下は、〈機構ニュース〉（２０１３年８月号）の『６年間の検査部活動を振り返って』か

ら抜粋した興味深い記事である。

「現在の遊技機では、とにかく遠隔操作をやるにしてもなんにしても、最後は必ず遊技機側を改造しなければ不可能です。

我々の検査で確認した遠隔操作と思われる事案も、すべて遊技機側が改造されていました。そして、不正改造された箇所から怪しい配線が島の裏に伸びていました」

ホールコン単体による遠隔操作は不可能。必ず「遊技機自体の改造も必要」という事である。ぶっちゃけて言えば、「何かやっている店なら遊技台から通常ありえない配線が接続されている」ということになる。

「ホルコン、ホルコン」と馬鹿の一つ覚えのようにつぶやいている御仁は、ホールコンと、不正改造台の配線とパソコンをつないで行う遠隔操作とを混同しているのではないだろうか。

ところで、ホールコンによる「出玉調整の証拠」としてよく挙げられるものに、「特許が存在している」というものがある。

ホールコンの特許について調べてみると、「パチンコ・パチスロ用遠隔装置」「グループ構成の存在とグループ、シマごとの割り数設定」などなど数百の申請がある。

だが、これはあくまでも「申請」だ。調べた限りではいずれも「特許の申請、出願はなされているものの、ほとんどが審査申請に至らなかったり、申請を行っても審査を拒絶されており『特許の登録』には至っていない」のである。これは特許電子図書館でも確認することができる。

この状況では「特許がある」とは言えまい。もし本当にホールコンによる遠隔操作の特許が取得されているのならぜひ教えていただきたい。

ところで、なぜ出願だけが行われるのかというと、将来的に万が一他社に特許をとられると特許料を支払わなければならないし、自社でとっていれば特許料で儲けることができると見込んでのけん制のためではないだろうか。

パチンコ関係の特許、新製品は業界紙にいち早く掲載されるため、それを元ネタに「すでに実用化されている」と早とちりして騒いでいる連中がいるようだが、インターネットは簡単に情報が手に入る反面、インチキ情報も多く出回っているという事でもある。

店長諸氏にホールコン伝説について尋ねてみたところ、某店長からこんな言葉が返ってきた。

「仮に出玉操作が自由自在、しかも特許取得済の合法装置、そんなモノが本当に流通しているならパチンコ店が1番嫌うゴト師がやって来ても安心ですね。ゴトの被害金額は年間2000億円なんて言われていますが、怪しげな連中を片っ端から個人攻撃して無理やり出さなきゃ解決ですから」

しかしこの装置を使用したら……ゴト被害も減るだろうが、よく考えてみると一般客がますますパチンコ屋から遠ざかるのは間違いない。

技術介入も攻略法もオカルトも、偶然の大当たりすら否定する出来レースである。もはや遊技でもギャンブルでもない、ある意味、パチンコは店長と客の「好き、嫌い」で勝敗が決するラブゲームになってしまう。

というわけで、ホールコンで出玉調整を行うことは特許はもちろん、商品化さえされていないのだから不可能である。

問題なのはホールコンそのものではなく「ホルコン攻略法」なるものだ。

ホルコン攻略法とは、「ホルコンの動きを読み、その裏をかけば常勝できる」という理論でホルコンの動きを読むマニュアルを販売する商法だ。

「自分が打つのをやめた台にばかり当たりがくるのはホルコンが制御しているから」

「ホルコンは台をグループ分けして当たりを出しているのでこれを知らなきゃ勝てない」

攻略法販売業者のそんな甘い言葉に、つい財布の紐が緩んでしまったことがある人もいるかもしれない。

もうお分かりだと思うが、インチキである。

似たようなインチキ攻略法が大昔にあった。四次元打法だの、時間帯攻略法だの、挙げていけばきりがない。

言うまでもなく「朝の占い」レベルの笑い話だが、こんなばかばかしいモノを信じて被害にあった方もいるのだろう。

ホルコン攻略について言うなら、攻略軍団がホールコンピュータを「ホールコン」ではなく「ホルコン」と呼んでいる時点でおかしい。素人臭が10キロ先まで漂っている。

業界人はホールコンピュータを「ホールコン」と呼んでも「ホルコン」と呼んでいる人は少ないはずだ。攻略法の嘘が暴かれたとき「ホルコンとホールコンは別物で、ホルコンはオカルトです」とでも言い逃れるつもりなのかもしれない。

パチンコ詐欺の年間被害金額は15億円という。

ホルコン伝説を信じるか信じないかはあなた次第である。

3　パチンコ攻略法は存在するか？

ホルコン攻略法に留まらず、セット打法、釘読み攻略法など、世間にはさまざまな攻略法が溢れかえっている。インターネットで「パチンコ攻略法」と検索しただけでも100万件以上がヒットする。まるでパチンコファンたちの「勝ちたい」という魂の叫びが数字に現われているようだ。

ところで、「パチンコ攻略法」として売られているものの中には、ずいぶんな高値で販売されているものがある。

それらの真偽はどうかといえば、大半は詐欺である。

大昔のパチンコ台ならともかく、今の台は改造でもしない限り攻略法もなにもあったものではない。

ハンドルとプッシュボタンを押すだけで当たりがくるというもの、当たりやすい時間を見極めて打てば勝てるというものなど、一瞬それらしく聞こえるが事実無根というのはまだ可愛い方で、中にはインチキいかさまだけではなく、違法行為まで混じっている。

それにもかかわらず、1人当たり50~100万円と洒落にならない被害金額が出てしまうのも、やはりぼくもあなたもみんなパチンコで勝ちたいということなのだろう。

残念ながら、パチンコで「確実に勝つ方法」はない。

必勝、常勝、攻略法……呼び名は何でも構わないが、結局それらは詐欺か、そうではなかったとしても、パチンコで確実に勝てる方法ではなく「できる限り負けを減らす方法」に過ぎない。

負けたくないならパチンコ屋に行かないことである。

だがこういってしまうと元も子もないので、「勝っても負けてもパチンコを打ちたい」というパチンコ大好きなファンには「ボーダー理論」を守って打つ事をお勧めする。

パチンコファンにはお馴染みのボーダー理論とは、ボーダーライン以上に回る台を選んで打つことだ。

ボーダーラインとは、ざっくり言うと、1000円あたりで何回転すれば収支がプラスマイナス0になるかを計算したもので、ようは、このボーダーラインよりも1000円当たりの回転数が多い台を売ったほうが負けにくいということである。

ボーダーラインの計算式は台ごとによって異なるので簡単な説明にとどめておくが、

①大当たり1回分の出玉（個人の技術介入、店の出玉削りによって出玉数が増減するので注意。一律○○玉ではない）

②大当たりの確率分母

この2つを知る必要がある。

そして、

②÷（①÷1000円分の貸し玉）＝ボーダーライン

が計算式である。

今まで多くの常勝理論がメディアで展開されてきたが、古くから現在まで生き残っている方法論は唯一、ボーダー理論だけであろう。とはいえ、ボーダー以上の釘調整が都市伝説レベルになっている現状では1000円あたり1回でも多く回る台で打つ——結局その程度しか客が負けを減らす方法はない。

ボーダーラインを守ること以外でファンができる事は保留玉3つで打ち出しをやめる「止め打ち」である。

止め打ちは1000円当たりの投資額を減らすための方法論でありボーダーラインを下げる技術だが、現状では保留がフル点灯しない渋い釘調整の店が少なくないのでどれほどの意味、効果があるのかは疑問である。

もちろん、やらないよりもやったほうがいいのは言うまでもないが、保留をフル点灯させるのに四苦八苦している現実で止め打ちもへったくれも無いのではとも思う。ある意味、保留が全点灯しないのは店の思いやりなのかもしれない。違うか。

運良くブン回りの台を押さえることができたのなら止め打ちは実行するべきである。

ボーダー理論、止め打ちとくれば、次は捻り打ちであろう。

捻り打ちとは、本来一定の間隔で打ち出される玉を弱め打ちすることで（役物に当てる等のテクニックも使って）減速させ、後から打ち出した玉を強めに打ち出すことで減速した玉と加速した玉をからめるように同時にアタッカーに入賞させることでオーバー入賞させる方法である。ハンドルを回したり戻したりしながら打つ様から「捻り」打ちと呼ばれている。

捻り打ちは、確変中や時短中にじわじわ減っていく玉を微増できたり、大当たり出玉を若干多く取れたりする効果を持っている。もちろん、出玉が増えることでボーダーラインも下がる。

しかし捻り打ちも止め打ち同様、多くのホールがハウスルールという名の一方的な暴挙で禁止しているのが現実。捻り打ち出来ればラッキーというレベルの節約術にすぎない。もちろん捻り打ちを黙認している店があるなら打ち手として遠慮なく捻り打ちするべきである。

　ただし何度も言うが、著しい技術介入は店に阻止されてしまう。運が悪ければ「出入り禁止」だ。

　結局ファンはよく回るように調整されている台を地味に探して打つしかない。回る台を探して、探して、探しまわってもボーダー以上の台が無かったならば基本「負け」である。パチンコは「運」「引き」もあるのでお座り一発で勝つこともあるだろうが、偶然の勝ちがいつまでも続くはずがない。勝ったり負けたり、負けたり、負けたりで収支が結局マイナスだからみなさん怒っているのだろう。


　今も昔も自称を含めてパチプロは「ボーダー理論」を実践している方が多いと思う。自称パチプロに話を聞くと「回る台を探してひたすら打ちまくる」のだと言う。方法としては悪くない。技術介入も含めてやはりそれしかないのである。

「回る台を探すのが仕事」という自称パチプロもいる。パチンコを打つ行為、それ自体は二次的なもので一番大切で手間のかかる作業が『店選び＝台選び』らしい。

　納得する台が無い場合は、パチンコ屋へ行っても打たずにさっさと帰るという。時間の無駄という事だ。

一般のファンのように近所の行きつけという理由だけでふらふらとパチンコ屋に行き、「せっかく来たんだからとりあえず打ってみるか」などという場当たり的な打ち方は「ありえない」のだと言う。

それでは、自称プロはボーダー理論を厳しく守って安定して勝っているのだろうか。

話を聞くとボーダー理論以前に「最近はボーダー以下の台ばかり」「技術介入できない」、スロットは「最低設定のベタピンばかり」であまりにも勝ち辛いために廃業宣言するプロが多いらしい。

もはやパチプロではなく、別に本業を持ち「セミプロ」として小遣い程度だけ稼いで満足している連中が多いのだという。プロとしてそれ一本で食えるという話ではなくなってきている感じだ。

パチンコ漫画や雑誌でおなじみのナニワのカリスマ店長ＣＲＡナカムラ氏によると、

「関西ではまだプロがいます、でも群れてナンボな中途半端な奴ばっかりですけど（笑）」

との話だった。

パチプロ絶滅宣言をしているぼくには関西ならパチンコで食えるとは思えないのだが、関東よりも関西の方が若干甘めの釘調整のようなので、ひょっとするとニホンオオカミならぬパチンコオオカミは関西方面でしぶとく生き残っているのかもしれない。

止め打ち、捻り打ち、複数で組んで出玉の共有、貯玉利用によるボーダー下げなどの方法もCRAナカムラ氏によるとあるそうだがぼくには真似できそうもない。パチンコファンも「そんな面倒くさい事をしても確実に勝てるわけではない」「打ち手に辛すぎる」ことを理解したから次々とパチンコから離れていくのであろう。

一部のプロは「涙ぐましい努力」を積み重ねて食い繋いでいるらしいが、勝っても負けても「楽しくないパチンコ」にファンはNOを突き付けている。

勝ち負けという勝負の結果だけではなく、大当たりに至る「過程」もそれなりに楽しめるパチンコが本来の「娯楽」だと思うのだが、ボーダーラインを語る以前に「回らないにも程があるパチンコ」に対し、みなさんはどう思いますか?

4　知らないと損をする釘調整の法則

昔からの攻略法に「釘を見る」というものがある。玉がへそに入賞しなければデジタルが回らないのだから、打ち出した玉を入賞口までもっていくために、釘の位置は非常に重要である。

最近はこれ見よがしに命釘だけを開き、サイドも誘導もガタガタの調整、風車はそっぽを向いている店が多い。これでは釘を見てもさっぱりわからない。わからないので実際に試し打ちしてみると、試し打ちだけで5000円以上使ってしまうケースもある。つくづく思うが、パチプロだけではなく、釘師も絶滅したようだ。

ところで、店が釘をいじることは厳密に言えば風適法第9条に違反することになるのだが、全国どこのパチンコ屋でも釘調整は行われている。これは、パチンコ玉が当たって歪んでしまった釘は直さなければならないという建前の下、日々トンカンと釘の調整が行われているわけである。

実は、この釘調整には、多くのホールに共通する法則がある。

これは「遠隔操作」「ホルコン」の誤解を解く鍵にもなると思うので紹介したい。

ぼくが見習いという立場で釘をトンカンしていた時、某店の店長に「ジグザグ配置」の釘調整を叩きこまれた。

これはどういう事かというと、客が座る台の開け締めの配置をイナズマのようにジグザグに調整するのである。極端な例えになるが、甘い釘の隣は辛い釘、辛い釘の真後ろの席は甘い調整という配置である。

もちろん、規則正しく調整すると1台置きに甘釘、辛釘というわかりやすい配置になるのでその辺りは不規則に叩くのだが、こうする事によって出ていない台の隣は爆発台、ハマり台の後ろは爆裂台というように、熱くなった客の視線の先にエサがぶら下がっている状態になるのである。

ぼくは『パチンコ裏物語』に「客を怒らせてナンボ」という書き方をしたが、こういうテクニックというか「心理戦」がパチンコ営業の基本だと思っている。客を熱くさせつつ、期待させるのが釘調整の醍醐味である。

攻略業者との接点がないのでこれはあくまでも想像だが、釘のジグザグ調整による出玉の偏り、つまり「釘を甘くして出ている台の隣は辛い調整なので出にくい」というある意味当たり前の現象を逆手に取って、ホールコンによる出玉操作をしているという理論を展開して一儲けをたくらんだ輩がいるのではないかとぼくは思っている。

ジグザグ調整はちょいと釘を叩いた事のある人なら誰でも知っており、そして誰でも実行していたはずの調整方法だ。これはスロットにも言えることで、今も昔も「ベタピン」つまり全台設定①が基本、と言いつつ、設定③⑤を使う店がまったく無いわけではなかった。

とある店で設定の見習いをしていた時、ジグザグ調整の逆を突いた設定もありではないかと思い、「隣り同士の席に高設定を入れてみたい」と店長にお願いした事がある。

高設定と低設定のジグザグ配置、隣同士で天国と地獄を味わうのではなく、時にはカップル、見知らぬ者同士が並んで大勝ちするのもいいではないか。大勝ちした後に2人仲良く依存症になる可能性も無きにしも非ずだが、「出ている台の隣は出ない」というジンクスを壊してみたくなったのである。

店長が「面白いから好きにしろ」と言ってくれたので「それでは」という事で2台並んで高設定を入れてみたのだが、翌日、データを見るといつものジグザグ調整と変わらないデータが上がってきた。「なんで?」と思って釘帳を見てみると「2台並んで高設定」ではなく「ジグザグ設定」に戻されているではないか。

閉店後、店長に直談判すると、ぼくと店長のやりとりを聞いていた古株のスロットコーナー専門の老店員から、「阪井が言うバカみたいな調整はだめだ」というクレームが入ったらしい。昔のパチンコ屋は店長という立場の人間ですら扱いにくいベテラン店員がデカい顔をしていたのである。「このクソ爺ぃ！」と思ったが、扱いにくい上にすぐキレる大人の多い職場だったので「もういいや」と諦めた。

釘の話を続けると、基本的にスロットはベタピンだが、パチンコはまめに調整している店もあった。まめに調整といっても1台当たり何十本も叩くわけではない。

基本は命釘とサイドである。昔は「命釘（へそ）の広さと上下」「命釘サイドの釘の上下左右」「命釘に玉を流す誘導釘がきちんと揃っているか」を中心に釘調整していた。いじるのは1台当たり1本か2本。その程度である。

釘だけで調整できない場合は例外的に「寝かせ」（台の角度）を変える事もあったが、「風車をいじるのは三流」という考え方があった。ちなみに「ハンマーではなく、ペンチで調整するのも三流」である。

「荒っぽく見せてはいけない」

そのように教わった記憶もある。

トントン叩いて調整した後は、釘の頭をコンと叩いてやる。この「コン」を怠ると営業中に釘が動いてしまうこともある。

「釘はいじりすぎないこと」「命釘1本叩くだけで玉を出すことも、渋くさせることもできる」「釘も黒字もゆるやかに」当時徹底的に叩き込まれたことだが、今ではもうこんな話をする釘師はいないだろう。

今でもホールで大当たりの偏りを見ると「釘はどうなっているのか」つい、確認してしまう。パチンコもスロットもインチキ操作が無いとするならば、釘調整と設定が大当たりの鍵を握っている。

ホルコンという見えない敵ではなく、冷静に釘を見、釘がわからなければ試し打ちをしてから実践に挑んでいただきたい。

パチンコの出る、出ないの基本は「釘」による抽選回数の「多い、少ない」だが、多ければ必ず勝てるわけではない事を肝に銘じつつ、ジグザグ調整も心のどこかに留めておいていただければ多少は負けるリスクを減らせるかもしれない。

何れにしても、過度の期待は禁物である。

5　会員カードと顔認証システムに警戒せよ

パチンコ屋に行くと「会員カードをお持ちですか？　なければ作りませんか？」と店員が声をかけてくる事がある。

彼らは台間サンドを確認しながらカードを挿入していない客に声をかけているのだ。会員になり、その証拠のカードを提示すれば様々な恩恵を受けることができる。会員カード、会員証、メンバーズカードなど、呼び方はいろいろあるが、ポイントなどが貯められるお得感から、行く先々で作ってしまっている方もいるだろう。中には、財布の中はお札よりもカードの枚数の方が多い……なんていう御仁もいるかもしれない。

現在ではパチンコ屋でもほとんどの店が「会員カード」を導入している。「個人情報の収集」「貯玉機能で固定客を増やす」という目的のためだ。

客側のメリットとしては、端玉を貯玉できたり、新装開店などの時に優先的に店に入場できたり、イベントのDMが届けられるといったことがあげられるだろう。

ぼく自身の話をするとパチンコ屋の会員カードは1枚も持っていない。なぜならパチンコ屋が信用できないからである。

それはカードが普及し始めて間もない頃の話だ。

当時ぼくが働いていたパチンコ店で、「大ハマリしている客を見つけたらコーヒーレディのコーヒー無料券をメールで携帯に送る」というサービスを行った事があった。

台間サンドにカードを入れている客の個人情報は事務所の会員カード専用コンピュータで確認することができるので、ハマリ台に座って熱くなっている客の携帯に向けて、「コーヒーの無料券が当選しました♡（当日限り有効）」というわざとらしいメールを送るのである。

ひらたく言えば「コーヒーでも飲んでカッカした頭を冷やしてね♡」という店からのメッセージなのだ。

普通に考えれば、「やったぁ、ボロ負けしたら無料のコーヒーが当たったたぁ！」などと喜ぶ客はおるまい。客は「なぜコーヒーが当選？」と思うだろう。気持ちの悪いメールである。

アイディアの立案者は店長ではなく社長だったのだが、後になって客から「事務所で監視されているような気がする」という噂が流れ、すかしっ屁のように「なんかこの店、怪しくね？　臭くね？」という囁きとともにコーヒー無料券のサービスは静かに消えていった。

このように、会員カードを使用すると、個人情報が店に筒抜けになる恐れがある。

例えば、「客がどのくらいその台にお金を突っ込んでいるか」ということも、台間サンドに会員カードを挿入している客ならば、出玉と差玉からある程度わかってしまう。

「朝からこの台に10万円突っ込んだ！」

時々無茶なイチャモンをつけてくる客が現れるが、実は2、3万円程度しか突っ込んでいないという事はよくあることだ。

「頭にきた！」

「店員に一言言いたい！」

そういう時は「5万」「10万」という大袈裟な金額をアピールするのはやめて「この台にいくら突っ込んだら出るんだい？」程度に抑えたほうがいいだろう。

「お前のウソはすでにバレている！」という状況は非常に恥ずかしいではないか。

パチンコ屋による個人情報の収集といえば、他にもよく話題になるものとしては「顔認証システム」があげられる。

これは、店の入り口や台にカメラが設置されており、このカメラが客の顔や来店時間を記録しているというものだ。

実際、顔認証システムは存在している。このシステムのおかげで窃盗犯が逮捕されたこともあるという。

ぼくの勤務していたパチンコ屋ではこのシステムを採用していなかったので実態はわからないのだが、顔認証システムについて答えてくれた元店長がいたので参考にしていただきたい。

「顔認証システムは今後も導入が進んでいくのではないかと思います。ただし、自店に限って言うと不況下で導入したくても出来ない状態です。業界全体を見渡しても普及にはまだまだ時間がかかるでしょう」

元店長曰く、例えばシステムが導入されれば、「接客面」１つ取っても便利になると言う。

例えば、客が来店した際に「○○さんが来店されました」と伝達されることで新人スタッフが客の名前を覚えるのにも役立つ上、出入り禁止にした人間やゴト師の疑いのある人間が来た時にも、情報が流れてくれれば大助かり、というワケだ。

「さらに付け加えるなら、お客さまがどの入口から入り、どんな流れで店内を回り、どこから出て行ったのか把握ができればＰＯＰを貼る位置などのプロモーションにも役立ちます。そういったメリットの生まれる可能性があるのが顔認証システムです。ただし導入費用が高いので、その費用対効果がどうなのか？　そこが問題になってくると思います」

話を聞く限り、どうやら顔認証システムはまだまだ高嶺の花らしい。だが、導入するメリットと価格の折り合いがつけばホールに導入される日も遠くないだろう。

この顔認証に関して、読者からこんな質問を受けたことがある。

「ホールは顔認証システムと遠隔操作で玉を出さない客を決めているのではないか？」

顔認証システムと遠隔操作の組み合わせが本当なら客は完全に「カモ」である。違法行為ここに極まれりであろう。

だが、顔認証システムは導入したところで単独で「何かできる」という代物ではない。顔認証システムでできることといえば、認証した顔の「データの管理」くらいである。

ぼくは「1　遠隔操作は存在するのか？」で、「遠隔操作は技術的には十分可能である。そして、使うか使わないかは店次第である」と書いたが、たとえ遠隔操作があったとしても、顔認証システムと遠隔操作を組み合わせて個人攻撃というのは現実的ではないと思う。

なぜならまったく店側にとってメリットがないからだ。今のパチンコ台は何もしなくても出ない。その上、個人攻撃を行ってその客が他店に流れてしまっては店側は損失しかない。特定の客に大当たりを出して「出す店」という称号を得るためならまだしも、個人攻撃には一切意義がない。インターネット用語でいうところの「誰得」状態なのである。

もちろん、遠隔操作が「１００パーセントない」と言い切れない現状では「絶対にないのか？」と追及されれば「業界を挙げて不正撲滅中です」としか言えないだろう。

だがパチンコ屋を庇うつもりは毛頭ないが、それでも顔認証システムと遠隔操作の組み合わせはリアルな話ではないように思う。

結局、個人情報流出が気になる方は最初からカードを作らないことだ。すでに持っている方はカードの挿入は貯玉の時だけ利用してそれ以外はできるだけ控えることである。少なくとも台間サンドにカードを挿入しなければ遊技中の情報が読み取られることはない。

顔認証システムで個人攻撃されていると信じている方は「笑顔」のスキルを磨いてホールへ行こう。スタッフに笑顔をふりまき、事務所の店長へ向けて監視カメラにＶサインを送ってみるのもいい。

「こいつ、いい奴だな」と思われれば何か本当にいい事があるかもしれない。

ただし「気持ち悪い奴がいる」と出入り禁止になっても責任は持てないので、あらかじめご了承ください。

6　打ち込み機は今も使用されているのか？

一昔前、パチンコ屋は当たり前のようにモーニングをセットしていた。モーニングとは、開店直後に「お座り一発で大当たり」することだ。当時はオープン前から、開店と同時に遊んで小遣いを増やしたいサラリーマンとパチプロという名のフリーターがパチンコ屋に行列を作ったものである。

モーニングをセットするためには、スロットでは「早がけ」という打ち込み機を使ってビッグとスモールのフラグを立てる。パチンコ台は機種ごとに異なる手順があるのだが、電源を落としたあとに再度立ち上げてからアタッカーのVゾーンに玉を入れたり、チャッカーをグリグリしたりしていた。

なぜ、手間をかけて当たりを出していたのかといえば、客の射幸心を煽るためである。

当時は、モーニング目当ての客が朝から椅子取り合戦を繰り広げ、店員は冷めた目で眺めつつ、店長から指示された「今日は1日だから、台番に1がつく台に期待せよ！」などというポップを店内に貼りまくって客にどんどん金をつぎ込ませていた。

朝一大当たりを期待してパチ屋に並んだにもかかわらず、モーニングにあぶれたオヤジがべそ顔で追い銭をする姿は日々の重労働で荒んだパチンコ店員の心を癒してくれる朝の風物詩でもあった。

ところで先ほどスロットにモーニングを仕掛けるために、「早がけ」と呼ぶ打ち込み機でフラグを立てていたと書いた。

打ち込み機とは高速でゲームを消化する機械のことで、これをセットして放っておけば、朝の掃除の間に大当たりのセットが完了しているという優れものである。

当時のパチンコ屋では、「閉店後に従業員が総出で玉を弾き、コインをせっせと投入して何時間もかけてモーニングをセットしようが、機械任せで手早くセットしようが、結果は同じで何も問題はないではないか」という考えの下に、当たり前のように打ち込み機を使用していた。

ぼく自身、働いている時は「モーニングは違法行為」という意識がまるでなかった。逆に「出してやっている」という認識である。

モーニングに群がる客を眺めながら「おまえら感謝せいよ！」なんて思っていたのだからどうしようもない。

だが、パチンコへの規制が厳しくなり、打ち込み機が「遊技機の無承認変更」にあたるという噂が流れると、「警察のチェックが入る前に処分せよ！」という本社の意向のもと、打ち込み機は一斉に破棄されることになった。

「遊技機の無承認変更」で摘発された場合、行政処分として風俗営業の許可の取り消しになり、刑事罰として1年以下の懲役もしくは5万円以下の罰金又は併科されるからだ。そして打ち込み機を、ぼくはその後は一切使った事がない。


その動きに合わせるかのようにメーカーも少しずつ不正対策に乗り出し、基板にカバーを取り付けるなど打ち込み機を含めた外部からの不正機器の取り付けを容易にできない台を開発するなどして現在に至っている。

これをもってモーニングは一切無くなりました、めでたし、めでたしと言いたいところだが、「100パーセント不正なし！」と断定できないのがパチンコ業界である。

平成20年10月――東京都遊技業協同組合はモードチェッカーと称して販売されている打ち込み機についての文書を全組合員に発した。

内容はモード移行、潜伏確変機能付きのパチンコを対象とする打ち込み機が不正に使用されている兆候があり、モードチェッカーの使用は無承認変更（不正改造）になる。モードチエッカーの情報の提供を求めるというものである。

ぼく自身はパチンコのモードチェッカーは見たことがない。

店長諸氏にも確認を取ったところ、「なんですか、それ?」という質問に始まり、「モードチェッカーの存在は噂で聞いていますが、見た事もないし、使った事もないのでわかりません」という回答ばかりだった。

スロットのモーニングに関しては「5号機が導入されるまで使っている店があったらしいですよ」という及び腰の回答が多かったが、モードチェッカーに関してはキッパリ「知りません!」という強気の態度である。

その態度が逆に気になるところではあるが、最近の遊技台で打ち込みが可能なのかどうか、最新型の打ち込み機は存在するのかという点については、結局決定的な証拠を掴むことはできなかった。

とりあえず、確かなことは昔のように朝から大爆発、という光景が見られなくなったことから、少なくとも打ち込み機がモーニングのために使用されることはなくなったのだろうということだけだ。

ところで、モーニングの無くなったパチンコ屋に朝早くから並ぶ意味も無くなり、客が吹っ飛んでパチンコ店舗数が激減――と思いきや、現在でもパチンコ屋に並んでいる奇特な人たちを見かける事がある。

何が目的なのだろう。今どきのパチンコやスロットに何かあるのか？

「朝っぱらからパチンコ屋にやって来る人たちは何なのですか？」

店長に尋ねると「単なる依存症とヒマ人でしょう、あっはっは」という答えが返ってきた。

モーニングが無くなってもパチンコ屋は安泰のようである。

7　ジェットカウンターの不正行為

最近は遊技台ごとに払い出し出玉数を表示する、つまり玉を台の外に出さないで内部で循環させ、数字で出玉を管理する『個別（各台）計数機』の店が増えてきた。

床にドル箱を積み上げげないこの形式は、アナログ感覚な客には不評かもしれないが、個人的には個別計数機は非常に便利な機械だと思う。

持ち玉をきっちり数字で表示することで収支の把握ができ、「残り○○玉になったら止めよう」と引く目安を計る事もできる。

大当たり画面中に払い出し出玉数が表示される機種なら、個別計数機に流した玉数と表示される玉数の差によってホールの悪質な「出玉削り」もわかる。

ドル箱の上げ下ろしや交換時にいちいち店員を呼び出す手間を省けるのも大きなメリットであろう。

狭い通路をこれ見よがしに塞ぎ、上げ底の千両箱で出玉感を過剰に演出する「ドル箱山積み」方式よりも、数字でキッチリと玉数を表示する個別計数機を導入している店の方に好感が持てるのはぼくだけだろうか。

個別計数機の導入は店側にも様々なメリットがあるはずだ。

導入費用がいかほどか——関係者各位が口をつぐんでいるので正確な数字はわからないが、人件費削減や悪戯を含めたドル箱使用による玉の持ち出し、玉こぼれの減少、ドル箱の清掃や買い替えなどから解放されるのだからデメリットよりもメリットのほうが大きいと言えるのではないだろうか。

このように思っていたところ、以下の意見が某店長から飛び出した。

「個別計数機を導入したからといってすぐに従業員の人員整理ができるわけではありません。個別計数機のメリットはメリットとして、ゴト師対策にマンパワーは必要です。人件費削減に大きく貢献できるとは一概には言えないでしょう」

最近のパチンコ店員はドル箱の上げ下ろしから解放され、楽チンで羨ましいと思っていたのだが、その分、不正の発見に目を光らせているという事らしい。今後のパチンコ店員業務は従来のサービス業務よりも警備員的な役割が増えるのかもしれない。

個別計数機に話を戻そう。

今から20年以上前の話だが、個別計数機がパチンコファンに全然認知されていない頃、勤務していた某チェーン店で試験的に1島だけ導入した事があった。

鳴り物入りの導入だったが結果は惨憺たるものだった。あれから20年以上過ぎているが状況は大きく変わらない。いまだに個別計数機よりも「ドル箱派」の客が少なくないのが不思議である。彼らの脳内は「ジャンジャン、バリバリ」の時代で止まっているかのようだ。早い話、玉を手でジャラジャラしたい人が多いのであろう。

この「皮膚感覚」を含めたアナログ金銭感覚のファンが存在する間は「厳しい、厳しい」とボヤきながらもパチンコ業界は安泰ではないかと思う。


ぼくがドル箱を好まない理由だが、雑巾で毎日拭いたところで「ドル箱自体が非常に汚らしい」という理由以外に、「なんとなくン千玉入っているのでは……」的などんぶり勘定で打ち手の金銭感覚を麻痺させる営業方法をいまだに継続しているパチンコ屋が多いということがある。

元店員が言うのもおかしな話だが、パチンコ屋の悪しき習慣である「ドル箱山積み」はまさに「射幸心を煽っている行為そのもの」であり、当局がもっと厳しく取り締まってもいいのではないかと思う。

そしてドル箱不要の1番大きな理由は、ジェットカウンターの不正改造が存在するという事である。

ジェットカウンターの不正改造は違法基板の取り付けなどの「積極的な関与」の他に、点検清掃の手抜きを含めた「消極的な関与」もある。

最近は遊技台のみならず、周辺機器に対するチェックも厳しくなっているので改造事件は年々減少していると思われるが、ぼくが勤務していた店ではタバコのフィルターやハンドル固定に使っていた硬貨などのコインが混入して通路を塞ぐケース、玉通過センサー不良で誤差が出ているケースがあった。

もちろん、誤差が出ても深くは追及しない。追及すると自分で自分の首を絞めるからである。

ジェットカウンターの誤差は店がきちんとチェックしていれば発見できる事であり、閉店後のホールコンの誤差でも発見できるのだが、これらの誤差を「誤差玉ですか、ありがとうございます、ぐへへ」と、帳簿上は無かった事にして、店長を含め、従業員がタバコや菓子、洗剤などの景品を毎日持ち帰っていたのである。

誤差玉はパチンコ企業戦士の毎日の「小さな楽しみ」である。『パチンコ裏物語』にも書いたが、昔は店員の募集広告に「ジュース支給」「タバコ支給」と掲載されていた。もちろん無料で配布されるこれらの資金の出所は「誤差玉」だ。

余談だが店員に菓子などの分け前を一切やらず、特殊景品に交換してポケットに入れている自らの心に正直な店長もいた。まさに「誤差玉、バンザイ」である。

何事も限度を超えると「業務上横領」で叩かれるが、店長を含め、昔の従業員の感覚としては「役得」であろう。全国１万２０００店のパチンコ屋の中にはそういう店もありましたよ、という話である。

大きな不正も小さな不正も「やるか、やらないか」は全て個人の資質であるが、誤差玉を含めた小銭に関してオーナーは深い関心がないらしく、「目標金額さえ達成できれば、後は店長に任せた」と言うオーナーも少なくない。

「毎日店に顔を出すほどヒマじゃない」という言い分を直接聞いた事もあるが、店長にパチンコ業務を丸投げする営業スタイルが不正の温床になっているのは事実である。大手のパチンコ屋はその辺りの事情を踏まえ、店長１人に独裁的な力を与えないようにしているようである。

計数機の不正といえば、客も含めた外部からの不正も少なくない。電波ゴト、他店からのコインや玉の持ち込みは言うに及ばず、「罪を犯している意識はなくとも」低貸しから等価コーナーへの移動も立派な犯罪行為である。

コインや玉の持ち込みは「持ち込みゴト」とも呼ばれ、改めて言うまでもなく1玉、1コインでも違法行為である。

他店からの持ち込み行為は「詐欺罪」、持ち出しは「窃盗罪」という事も記しておく。

他店からの持ち込み問題を解決するためには「台の移動禁止」が有効なのだが、台移動自由、持ち玉共有ＯＫが当たり前の現状では改善は厳しいと言わざるを得ない。

将来的にはゲーセンのパチンコ台のような封入式パチンコが1番だと思う。封入式が実現すると従来の「島還元機」が不要になる可能性もあるがセキュリティの面を考えてもファンの1人としてぜひ実現していただきたいと思う。

8 「雨の日は玉が出る」「盆暮れは玉が出る」は本当か？

昔「雨の日は玉がよく出る」という噂があった。

残念ながら、ぼくは「雨の日だから出すぞ」と気合を入れている店長を見た記憶はない。どちらかと言うと天候不順な日ほど回収日という感じであった。

某店長に伺ったところ、

「『雨の日は出る』というのはあまり無いと思います。農家が多い地位や漁師町では雨が降ると稼働が上がるので店内が賑わい、ドル箱積みが多くの目にふれるので何となく出ているように感じるのでしょう」

雨の日に何かを期待するのはぼくも無駄なような気がする。

ちなみに「午後から天気が荒れ模様になる」ということを予報で知り、慌てて開店前に釘を締めていた寝坊助店長の姿は見た事がある。

釘を締めても稼働が良ければ何台か爆発する事はあるだろう。

「盆暮れ正月はどこの店も回収モードですか？」

という質問を読者の方からいただいた事もある。

そういう質問は痴漢に「あなたはスケベですか？」と尋ねるぐらい野暮な話である。

ファンは「パチンコ屋の中には休日でも放出する店があるでしょ？　あるよね？」という後押しが欲しいのだろう。甘い夢と希望を粉々に打ち砕いて申し訳ないが、過去に勤めた店で盆暮れ正月に大盤振る舞いした記憶は残念ながら無い。

休日勤務していると大勢の客から「出ねえぞ！」「ボッタクリ！」と、責められる事が多い。客のほろ酔い気分もぶっ飛ばす「鬼回収の日」、それが盆暮れ正月である。

某店長曰く、

「盆や正月は概ね回収モード。その通りだと思います。中には客足の伸びる日に出して平日につなげようとしている所もあるかも知れませんが……」

更に別の店長は言う。

「盆暮れ正月や週末にいつもより多く出そうという気持ちはありません。書き入れ時に利益を取りにかかるのは当たり前の話です」

なるほど、商売として考えれば、人が来るときに必要な利益を上げておこうというのは当然の判断だろう。

この店長は次のような話もしてくれた。

「ただし休日に釘を締めるのには他にもわけがあります。等価営業ではなく、換金ギャップのある店の場合、客が増えると持ち玉で粘る客も増えるわけです。貸し玉ではなく、ギャップのある出玉で長時間粘られると店は安心して利益が取れなくなります。ですから粘る客が出てくる事を前提に、休日は通常営業日より締めているのです」

たしかに、４パチの場合、１玉４円で貸し出すために１玉打ち込まれる度に４円の収入になるが、出玉は換金率が等価でない場合は必ず４円を下回る金額となる。そのため、出玉で粘られるのは店側としては損なのだ。

店長が言うには、この出玉で粘る客がいるために、休日にガッチリ釘を締めてもいつもより儲かるということはなく、利益が平日とあまり変わらないという事もよくあるそうだ。

来客数が増えるであろう盆暮れ正月も釘が締められる理由を分かっていただけただろうか。

つまり、パチンコ屋が決まって玉を出す時期など存在しないのだ。むしろ、基本的には「常に」出ないと思っていたほうがいいだろう。「○○の日だから出る」というのはもはや『オカルト』の域なのである。

「オカルト」といえば、日々の数字に追われて藁にも縋りたい気持ちは理解できるが、客のみならず、『オカルトに走る店長』もけっこういる。

ＣＲＡナカムラ氏曰く、「そういう店長はほとんどが自分でパチンコしない人」らしい。

そんな店長にこよなく愛されるオカルトの１つが「ラムクリア」だ。ラムクリアとは台を「初期状態」に戻すことである。これは通常、閉店時に確変や時短が残っていた場合に、翌日の営業に持ち越さないために行われる。

ラムクリアの手順は台の電源を落とし、基板のクリアボタンを押しながら電源を入れる、それだけである。

ぼく自身の話だが、スロットは同じ設定の打ち直し（しかも毎回①）を店長から度々命じられた事もある。

なぜこのようなことを行うのかといえば、例えば、確変が残っている台にラムクリアをかける事で、昔でいうところの「電オフ」にすることができる。確変などの権利がすべて消え、初めて立ち上げた状態のデモ画面になるのだ。これを行うことで、「そろそろ波的に爆発しそう」という台を初期状態に戻しまた当たりが出にくくなるようにすることができる、もしくは当たらない台を当たりやすい状態に戻すことができる、と信じているからである。

たしかに、昔は実際に電源ＯＦＦでモード移行したり、連チャンモードに入る台があった。だが、現在の台はモード移行することは無いし、パチンコは「波」などではなく確率で全てが決まるのだからとんだ思い違いである。

それでも、「とりあえずやっておけ」という流れから抜け切れず年齢を重ねた店長がいるのだろう。

ＣＲＡナカムラ氏曰く、

「オカルト店長は自分なりにパチンコの波を読み、ラムクリアをすることによって出そうな台を抑えると言うわけです。クリアする事によってメーカーによっては出やすくなったり、出にくくなったりすると（笑）。ラムクリア後の挙動をわざわざ表にして店内に貼り出したりする店長もいるんですよ。こういう店で働いていると『じゃあもう釘を叩かなくてもイイじゃん。ラムクリだけで営業したら？』と言いたくなるんです」

以下は某店長と副店長時代のナカムラ氏の会話の再現である。ナカムラ氏曰く、当時の店長はすでに業界を引退しており、去年会った時にネタバラシ済みという事らしいので、掲載しておく。

店長「北斗はラムクリすると甘くなるから絶対するなよ！」

ナカムラ「了解～♪」

店長「牙狼はこのまま放っておくと明日は出てしまうから全台ラムクリ！」

ナカムラ「了解～♪」

しかしオカルト大嫌いで天邪鬼なナカムラ氏は逆に北斗をラムクリして牙狼を放置したらしい。

翌日、営業データを見た店長が言った。

店長「な！　オレが言った通りだろ！」

ナカムラ「いやーさすがっスね、店長！」

最後に、ラムクリアに関しては本気で信じてはいなくとも、気休め程度に行っている店長も多々居るという事を記しておく。

オカルト信者は客だけではないという話である。

第2章
パチンコ屋の
儲けのカラクリ

1　「1パチ」というボッタクリ

最近のパチンコファンの中には「1パチしか打たない」「5スロがメイン」という人がいる。博打台の4円MAX機しか打たないぼくには1パチ、5スロの魅力がよくわからないのだが、「とにかく少額で遊べるのがいい」というのがファンの言い分のようである。

パチンコを打たない人に1パチ、5スロといってもわからないと思うので説明をさせていただくと——普通は1玉4円で貸し出しているパチンコ玉の料金を、4分の1の価格の「1円」で提供するというのが1円パチンコこと1パチだ。スロットであれば通常1枚20円で貸しているコインが4分の1の「5円」で借りることができる。

4倍長く遊べるのが1パチ、5スロの魅力であるが、換金額も4分の1、もしくは4分の1以下になるのは言うまでもない。

ぼくはスロットが好きではないのでパチンコ中心に話をさせてもらうが、貸し玉1円のパチンコの場合、換金レートは1円（等価）、0・7円、0・5円の店がほとんどだと思う。

今のところ０・５円以下の換金ホールは知らないので、仮に１０００玉交換しても５００円にしかならないというのが１パチの最低換金価格であろう。１０００発出して５００円。まるで換金できるゲームセンターのようである。

ちなみに１玉２円のパチンコもあり、１パチと２パチはまとめて低貸しと呼ばれている。

ところで、１パチと４パチの場合、１パチの方がパチンコ店にとって粗利率が高い、つまり打ち手からすればなかなか勝つことができないということをご存じだろうか？

手元に複数店の１パチの売上、粗利の資料がある。これをそのまま掲載するわけにはいかないので、かいつまんで述べるとこういう事になる。

「ボッタクリ店と優良店のパチンコ二極化が進む中、低貸しに限って言うと粗利30パーセントを超える店も存在する」

粗利は店によってさまざまだが、「貸し玉４円、交換時は2円50銭」という時代は、粗利15～20パーセントを基準として調整するのが普通だった。現在と違って、負けるにしても負け方があるというか、そこそこ遊べた時代である。

昔ぼくが勤務していた店の若き店長曰く、

「現在、粗利25～30パーセントになる日もありますよ、うふふ」

「なぜ笑う？」という突っ込みはさて置き、パチンコ屋の粗利とは何だろう。ざっくり言うと、売上−景品交換金額−売上の消費税（内税の場合）＝粗利である。

粗利ではなく、パチンコ屋の「純粋な利益」は、粗利から人件費や電気代などの諸経費を除いて残った金額であり、売上も粗利も純利益も店によって様々であるから「いくら」とはっきり答えられるものではない。

以前、テレビ東京の深夜番組に元パチンコ店員として出演した際、「パチンコ屋の売上はいくらですか？」という質問に「少ない店で500万、多い店で2000万」と答えた事がある。

これはぼくの「経験上の話」であり、あくまでも粗利ではなく売上の話である。司会進行も番組の中で「売上」とはっきり言っている（テロップで「あくまでも本人が過去勤めていた店での体験談です」と流れていた事も記しておく）。

売上の話の流れで「儲かっている」と話した次第だが、TVを見た一部の自称業界人から「パチンコ屋は儲かっていない！」という怒りの声が上がったようである。

それでは逆に聞きたいのだが、1日に現ナマが何百万、何千万も出入りする商売が「儲かっていない」と言えるのだろうか？　手形でも小切手でもなく現金である。「すごいな」「儲かっているな」という流れになってもおかしくないのではないだろうか。

ＴＶでは言わなかったが、ぼくが管理職だった店の1日の粗利は２５０万円前後をうろうろという感じだった。１日の売上は１０００万を下回らない事は言うまでもない。昔の話である。


話を粗利に戻そう。

粗利30パーセントという神……いや悪魔の領域に突入し、客をふっ飛ばしておきながら、残った少数の客からむしり取ることで資金に余裕のあるパチンコ屋は、他店が潰れるのを虎視眈々と狙っているという話を聞く。

「当店は他店よりもサービスしますよ」ではなく、「他が出さないんだから、こっちも出さない。出玉競争は限界があるので一抜けして持久戦に持ち込み、ある程度淘汰されてから考えましょう」という長期戦の構えという事だろう。そのような状況だから、何処も彼処もどんどん出ししぶりは進行していくばかりなのだ。

因みに、ぼくは低貸しの調整をしたことがないので、粗利30パーセントという数字についてどう考えているのか某店長に詳しく話を聞いてみた。

「等価営業で粗利30パーセントはさすがにボッタクリと言われてもしょうがないですが、低貸しの場合なら一概にそうとも言えないんですよ」

どういうことだろうか？

某店長曰く、低貸しの場合、4円に比べて長時間遊ぶことができるため、客の満足感が違うのだそうだ。ほとんどの客が、「勝つ気満々」ではなく、暇つぶしの「レジャー」感覚でやってくるため、ある程度の金額を抜かれてもそれが当然という感じのようである。どんなに釘がガチガチでも、「混んでいて座る席がない」という苦情が出ることさえあるという。

確かに低貸しは4円と比較すると少ない金額で遊ぶ事ができ、運が良ければ景品を持って帰ることができる。低貸しを打つ客からすると、見返りのないゲームセンターのパチンコで遊ぶよりは景品が取れるだけマシという程度の認識なのかもしれない。

店長はこのような状況に対して、「当店としてはせっかく足を運んでくれたお客さんに楽しんでいただけるように努力をしています」と続けた。

だが、努力の内容について尋ねると、釘調整をまめにやっているなどということではまったくないという。

「低貸しは基本的にバラエティコーナーに設置しているのである程度放置しています。人気機種はそれなりに調整しますけど……それ以外は万年釘と言われてもしょうがないです。出玉サービスも重要ですが赤字経営では意味がありません。ですので、持ち帰ることのできる景品の種類を増やしたり、従業員の接客サービスの向上に努めたり、ライターイベント（地域によってはＯＫ）などの話題性で楽しんでいただいております」

参考までに「２円パチンコの利益はどうですか？」と尋ねてみると、「２円パチンコで４円並みの利益を取っている店もあります」という事だった。

「中途半端な扱いの２円パチンコは辛い調整の店が多いんじゃないでしょうか」

釘調整が回らない状態で固定されている現状について尋ねると、

「阪井さんの時代は釘職人と呼ばれるほど技術力の高い店長がいたのでしょうが、今どきの店長は釘調整が苦手、面倒くさいという人もいます。そういう意味では職人ではなく、完全にサラリーマンです。20代、30代の若い店長でも何とか営業できてしまうのが最近のパチンコといいますか……悪い言い方ですが適当なんですよね。数字さえ出ればいいという……」

なるほど。近年の辛すぎる釘には、このような店長の質の変化も関係しているようだ。

最後に某店長に「低貸しで負けを減らすにはどうすればいいですか？」という質問をぶつけてみた。答えは「きっちりとボーダーラインを計算して打つこと」、つまり「回らない台は打つな」という事である。

「1パチのお客さまは年配者が多いせいか、雑にパチンコを打つ方を見かけます。ボーダーラインをかなり下回っている台でも大量の貸し玉に誤魔化されて適当に打っている方がいるんですね。4パチを打つつもりでシビアに回る台を打たないと厳しいですね」

それは純粋に4円の4倍回る台を探して打てという事だろうか。

回る台が有るか無いかという話は別にして、本気で負けを減らしたいという方は面倒くさがらずに台ごとのボーダーラインを計算して「回らない台は打たない。帰る!」という厳しい姿勢を貫き通してはいかがだろうか。

それにしても「貸し玉の量に満足して何も考えずに打っている人が少なくない」という店長の意見には納得である。

保留ランプが全点灯しているにもかかわらず打ち続けて無駄に玉を消費する「オヤジ打ち」をしている客は少なくない。だからせめて勝つ為のボーダーではなく「投資金額を減らす」という意味で回る台を打ちなさいよと言いたくなる。

2　釘調整の厳しい現実

遊技台1台当たりの平均売上は2万円程度。

1台あたりの平均粗利は３０００円程度。

業界人と、売上や粗利の話になると概ねこのような数字が出てくる事が多い。

この数字が本当なら、仮に５００台設置しているパチンコ屋なら1日の売上は１０００万円、粗利が１５０万円（15パーセント）という事になる。

最近の売上事情はわからないが、ぼくの経験&体感上これは「少なすぎる」金額に感じる。

思うに、これは非稼働の台も含めた総設置台数から算出した数字ではないだろうか。

この数字を現実に稼働している台だけという事で修正し、仮に「半分の２５０台」として計算すると1台あたりの売上は4万円、粗利６０００円になる。これならとりあえず納得できる数字だ。

これもあくまでもぼくの個人的な経験&体感だが、今どきの等価パチンコを打った場合、1人当たりの1回の平均的な負け金額は低く見積もって「2万円」前後ではないだろうか。

しかも、最初は「1、2万円で大当たりが来るのでは？」と期待しつつ打っていたのが、気が付けばあっという間に万札が消えて無くなり、アツくなった挙句に数時間で「3～5万円も使ってしまった」という経験は誰でも一度や二度はあるはずだ。

全国的にこのような状況があまりに頻発しているため「パチンコは怖くて打てない」とパチンコから離れた方が多いのではないだろうか。

ちなみに、ノーヒットで3万円が溶ける時間はほんの2時間程度である。1時間当たり1万5000円だ。

こういう数字を出すと「話を盛りすぎ」というパチンコ子が必ず現れるので、某店長に実情を聞いてみた。

某店長曰く、

「今どきのパチンコは平均すると3分程度で1000円が無くなります。ざっくり言うと30分で1万円、1時間で2万円近く負ける事もあります。阪井さんは1時間で1万5000円負けると以前の本に書いていましたが、最近は打ち手にとって更に厳しい状況です」

本稿を書くにあたり、ぼく自身も身銭を切り、無作為に選んだパチンコ屋数店で時計と睨めっこしながら「1000円が何分で消えるか」データを取った。

結果は某店長の言葉を裏付けるように、等価パチンコは平均3分前後で1000円が消えた。(ちなみに2円パチンコは7分、1円パチンコは16分である。2パチについては4円等価以上に渋い釘調整の台が多かった)
データを取った千葉県某市が特にひどいという話ではないが、4円MAX機の1000円当たりの平均回転数は14回転前後ではあるまいか。
もちろん全機種、全台試し打ちをしたわけではない。店舗当たり無作為に20台ほど選んで打ったデータの平均値である。

3分で1000円が消えてゆくという切ない状況の中、店内にあった「スタッフ募集」の張り紙を見ると「時給1100円～」と記載されている。

1100円が高いか安いかは別にして、パチンコ台は3分弱で1000円を吸い込み、労働者は1時間働いて1000円程度の金を手にする。

資本主義の構図、そして金の価値について考えながらもう一度店内をぐるりと見回すと、紙切れでも扱うような気安さで台間サンドに福沢諭吉を突っ込む客、客、客……。現在の日本は、実は豊か過ぎる国なのではないだろうかと錯覚を起こしそうになる。

売上、粗利、割り数は各々の店によって異なる。ぶっこ抜きの店もあればほどほどに抜いている店もあるのだろう。

しかし両店の違いを「客が体感しているか?」と言えばさして変わらない評価だと思う。

ほんの一握りの「事故勝ち」以外の客は「支払う金額と満足度の折り合いがつかない」状態、つまり「パチンコは厳しい」という感想でお帰りになるケースが多いのではあるまいか。

とはいえ、いつも負けてばかりでは本当に客がいなくなってしまう。時々大きく勝つからパチンコをやめられない人がいるのだろう。

最近のパチンコに納得できるだけの釘調整の台があるのかどうか某店長に聞いてみた。

「4円等価も、低貸しも、釘調整に関してはどの店も辛めの調整だと思います。そういう意味ではお客さまが納得できるような調整の台は少ないと思います。ご存じの通り、ファンの数は減少しており、集客にはどこの店も苦労していると思います」

店長が言うには、特に4パチは非常に厳しいそうだ。だが、低貸しは今のところ順調だと言う。

「低貸しの釘自体は4円よりも厳しい調整が多いと思いますが苦情は少ないです。現状では粗利30パーセント以上抜くのは普通じゃないでしょうか。抜くという言い方は良くないですが、お客さまの突っ込んだ金がそのまま利益になる感覚ですね」

つまるところ、４円パチンコを打つのは自殺行為。ジワジワ生殺しを望むなら低貸しということだろう。

ところで、こんな状況にもかかわらず、客から「釘が酷すぎる」と文句を言われるケースはほとんどないそうだ。ぼくなら店員に思わず一言言ってしまいそうだが、そんなカッカしている客に対しては、「うん、うん、うん」と、ひたすら聞きに徹するという。ある程度吐き出すことで、客も冷静になり「しょーがねぇなぁ。あんたも大変だろうけどさ」なんて言葉をかけられることもあると言う。

そしてもちろん、苦情を受けたからと言って、翌日に釘を開けるという事はしない。物わかりの良い店長を演じながら、裏ではせっせと極悪な釘を叩いているのである。

後日、週末に某店を覗くと４円等価は新台のみ満席、それ以外は2、３人前後の客付き。低貸しはほぼ満席状態だった。

パチンコ業界はまだ安泰のようである。

3　ボーダーラインの実態

第1章の「3　パチンコ攻略法は存在するか?」や本章の冒頭で、ぼくは負けたくなければボーダーラインよりも回る台を探すしかないと書いた。

だが、その意味は、ボーダーラインを守って打っても絶対に勝てるということではなく、「回らない台を打つよりも投資額を減らすことができる」ということである。

一部のパチプロは「ボーダーラインを守れば必ず勝てる」ような言い方をするが、眠たくなる言い方である。ボーダーラインを守ることで投資金額を抑えられ、大当たりの可能性を増やすことはできても必ず勝てるわけではない。

某店、某人気機種の半年分のホールコンデータを見せていただいたが、現実に稼働している台の大当たり確率は低く、例えばメーカー、雑誌発表が400分の1なら、現実は800分の1に近い数字だった。

このような話も「たまたまでしょ」で煙に巻くパチンコ子が現れるが、確率が公表されている数字に収まるまで「どんだけ金を使わせる気じゃい!」という話にしかならない。

「パチンコは打てば打つほど客が負けるようになっているんですよ」

と某店長が言っていたがこれはある意味、本音であろう。

ここまで言っても、「たかが数カ月のデータでしょ。たまたま大当たりが出ない時期が偏っていただけ。いずれ確率は収束するんですよ」という人がいる。

そういう人には、「でも、収束される前に新台と入れ替えるんでしょ」という言葉を贈らせていただく。

大体、彼らの言う「いずれ」とはいつの話だろう。そのいずれが来る前に客の財布の中身がショートしてしまう。

大当たり確率とボーダーラインについてＣＲＡナカムラ氏が意見を寄せてくれた。

「今の機械は潜伏確変当たりで大当たり信号が上がらない機種もあり、そこからＳＴ（スペシャルタイム）がスルーされる可能性も考えると、必ずしもメーカー発表の数値が設計上の初当たり確率ではないのです」

実際にはスルーなども込みで出玉設計されているので一概に客が損しているとも限らないそうだが、ホールコン上での特賞確率が発表値より下回っていても当たり前の機種も多いと言う。遊技台によっては、メーカー発表値１／99のものが、実際には１／４９５（１／99×

1／5）でしか大当たりしないこともあるそうだ。これではかなりのギャンブル台である。

「ボーダーラインについては、ボーダーより回る台を打っても勝てるとは限らないのは事実ですが、ボーダーより回らなくても勝つ事があるのも事実です。そこを書かないのはフェアではないと思います。

また、単日では結果は荒れますが、30日間毎日ボーダー以上の台を止め打ち・捻り打ちを駆使して打ち続ければ、95パーセント以上の確率でそれなりの額を勝てます。これはホールがボーダー以下の台を並べて確実に利益を上げているのと同じ理屈なのです」

なるほど。「理屈」は合っている。

その通りだと思うが「現実」として、ぼくは1人のパチンコファンとしてボーダー以上の台を毎日打ち続けた事はないいし、打ち続ける事もできない。

パチプロを名乗る方がボーダー超えの台ばかり毎度毎度打てるラッキーな人だとも思っていない。

だから「ボーダー以上の台を打ち続ければ95パーセント以上の確率でそれなりの額を勝てる」と言われても、それはあくまでも理想論であって、「回る台を打てば勝てる」つまり「パチンコはボーダー以上で立ち回れば勝てる」と読者に手放しに勧める事はできない。

回る台なら勝てる。

回らなくても勝つ事がある。

これは裏基板などのインチキ台ではないならば、という前提の元に事実である。

事実であるが、圧倒的多数のパチンコファンが負けて、ホールが潤っている現実は何を意味するのだろう？

それは常勝するのが不可能に思えるほどボーダー超えの台がホールでは希少だという厳しい現実だ。

何百台の中のほんの数台を毎度毎度同じ人が手にできない以上、回る台を打てば勝てるという安易な理論は「現実に即していない」という話になる。

仮に朝一でパチンコ屋に並び、真っ先に台を選ぶ権利を得ても、優秀台が何番台なのか明確にわかっていない以上、次から次へ入場してくる客との争奪戦になってしまう。

それでも俺はボーダー超えの台を高確率で毎回押さえて勝ちまくっていると言うのなら、それこそ常人離れした「引き」の持ち主ではないか。

ぼくが思うに、多くのパチンコファンはボーダー以下の台を渋々打つ日が多いのだと思う。

だから負けている。故にパチンコ屋は儲かっているというのが現実の姿だと思う。

自称パチプロの中にはパチプロというよりも「パチゴロ」のような連中がいる。

大勢でパチンコ屋に押し寄せ、優秀台とおぼしき台を片っ端から大勢で押さえて打ち回している。パチンコ人海戦術だ。一般のファンにパチゴロの真似はできないだろう。

ボーダー理論自体に間違いはないが、

「回る台で打てば勝てるのですか？」

という純粋な質問には、

「理論的には勝てるのだろうが、現実問題として回る台が少なすぎる」

もしくは、

「仮に回る台があったとしてもあなただけが優秀台を毎回打てるわけではないし、回らない台を妥協して打たなければならない日のほうが多いという現状を考えるとやがて負けが蓄積してくる」

と言っておく。前向きな言い方をするならば、

「夢と希望をもって、できるだけ回る台を打ちましょうね」

としか言いようがない。

ボーダーラインといえば、パチプロの中には「ボーダー以下の台は打たない」という強い精神力をお持ちの方もいるようだが、それではほとんど毎日を「パチンコを打たずに過ごし

ているのではないか？」と余計な心配をしてしまう。

それぐらい最近はボーダー以下の台が多いのだ。

ただしＣＲＡナカムラ氏曰く――「プロは一般のボーダー以上の台に必ず座っているという解釈は間違いです」という意見がある。「技術介入」とパチプロの話は別項に譲るとして、単純に回る台で勝てるかという質問には「現実にそぐわない」、「みんながボーダーラインで勝つことができたらパチンコ屋が儲からなくなるからね」、という話で終わりにしたい。

4　パチンコ屋の脱税問題

「パチンコ屋は裏で何か悪いことをしているに違いない」、そう思いながらパチンコを打っているファンは少なくないだろう。そもそも、パチンコファンの中に「パチンコ店が真っ当な営業を行っている」と信じている人はいるのだろうか。

パチンコファンにアンケートをとった事がないのでわからないが、ぼく自身は今も昔も、そして未来も「ホールの健全化などありえない」と思っている。

国税庁発表の「平成24事務年度における法人税・法人消費税の調査事績」を見ると、パチンコ（ホール）は「不正発見割合の高い業種」と「不正申告1件当たりの不正所得金額の大きな業種」でともにワースト2位に指摘されている。

不正発覚割合は29・8パーセント、つまり調査対象となったホールの3割が不正を働いていたということだ。さらに、不正申告1件当たりの不正所得金額は5038万6000円。昨年の4247万3000円に対し18・6パーセントの増加である。これだけ多くの金額をちょろまかしているなんて、まったく懲りない業界だ。

脱税の手口は様々である。

「不正ソフトウェアを使用して、閉店後に売上金と還元金のごまかしをする行為で、少しの操作だけでできてしまう」

「客に打たせている台はダミーで、ホールコンピュータにデータが上がる台は別室で操作する」

「売上除外などデータ線を抜けばできます」

これは、『脱パチンコ』（山下實著・自由国民社）に記されている脱税の手口だ。

残念ながら一介のパチンコ店員という立場では脱税の現場を見たことはない。あくまでも「聞いた話」だとお断りした上で、話は20年以上前に遡る。

――当時まだ役職者として新米だった頃、幹部だけの飲み会の席で「B勘屋」「かぶり屋」という言葉を聞いた。

B勘屋というのは架空の領収書を発行する商売であり、「かぶり屋」というのは領収書の発行を目的として会社を設立し、大量の領収書をバラ撒いた後で会社を潰してドロンする商売だ。

いずれも脱税の為の裏稼業であり、違法な商売である。

聞きなれない○○屋という言葉にドキドキしながら悪酔いした記憶があるのだが、この類の商売がいまだ存在するのかネットで検索してみると今でも元気に営業中らしい。もしかすると、昔と同じような手口で脱税が続いている可能性は否定できない。

また、パチンコ屋で脱税の話題になるとファンの間で真っ先に頭に浮かぶのがホルコンによる脱税だろう。

『脱パチンコ』に、ホールコンピュータにデータが上がる台は別室で操作すると書かれているが、山下氏自身が操作している現場を見たのか、自ら操作していたのか、そのような噂話を聞いただけなのか非常に興味がある。

一部のパチンコファンはホルコンに「脱税ソフト」が入っていると言う。

ぼく自身はそのようなソフトは見たことも操作した事もないのでわからないが、「裏ソフトは存在する」と言う店長もいる。

簡単なシステムらしいが、それが本当なら簡単ゆえにマルサに見破られるから脱税で毎年ワースト争いをしているのかもしれない。

脱税とは若干違うが、ぼくが現場で見たセコい銭儲けの話を紹介しよう。

実はぼくも実際に台間サンドのデータ線を抜いているパチンコ屋で働いていた事がある。店長は「偶然、抜けたんだろう」と誤魔化していたが明らかに台間サンドの売上配線を故意に数台分抜いて営業していた。

この手の不正は店長の個人プレーではなく、複数の共犯が存在する。サンドの線を抜くと閉店後に必ず誤差が出るので口裏を合わせる必要があるのだ。

本来の売上から数万円分をネコババして、古株店員と店長がお小遣いの分配をしていたというわけである。

ちなみにこの店長、非常に気前のいい男で閉店後にちょくちょく飲み食いに誘ってくれた。今思えば犯罪者というのは、不純な行為で手に入れた金を振舞って罪の意識を軽くしているのだろう。しかし、こういう事件も元を正せば店長に営業を丸投げしているオーナーの怠慢が招いた犯罪と言えなくもない。

『パチンコ学講座』（宮塚利雄著・講談社）に、

「一部に『パチンコ店の経営者の約八割近くを占めているのは在日であるが、彼らには納税の義務はあるが、国家公務員や選挙権の権利がないので多少の脱税はやむを得ない』のではないかという声もあるが、商売をする以上は税金を払うのは国籍と関係ないことであり、脱税という犯罪行為を容認すること自体がナンセンスである。」

と書かれている。古い本なので在日云々についての記述はよくわからないが、日本で商売する以上は国籍関係なく脱税は容認できない、というのは全くその通りであろう。

某店長に「脱税問題を含めてまともなパチンコ屋はあるのか?」と伺うと、「2世、3世の中にはパチンコを何とかしたいと真剣に考えている意識の高い人も存在する」という言葉をいただいた。

「まとも」なパチンコ屋はあるのか? という表現も我ながら掴みどころのない物言いだが、「何とかしたい」という言葉もよくわからない。

パチンコの何をどうしたいのか——パチンコに何かしらの理想をお持ちの経営者が少数ながらいらっしゃるようなので業界の行く末を最後まで見届けたいと思うが、大勢の客が負けることで成り立っている個人経営の博打場の理想像とは何であろう。

脱税を含めて、パチンコの諸問題を解決するにはまだまだ時間がかかりそうである。

5 パチンコの消費税

２０１４年4月、多くのパチンコ店で玉の値段が変わった。

これまで１０００円で借りることができた玉の数が、２５０玉から２４０玉に、スロットは50枚から47枚に減らされたのだ。（２０１４年10月現在、新貸し玉料金として1円パチンコ１００円＝96玉、４円パチンコ４００円＝96玉、20円スロット１０００円＝48枚と表記する店が現れてきた）

それもこれも、みなさんご承知のとおり、消費税増税のせいである。

さらに、増税後は玉の値上げだけではなく、出玉も減っているように感じる。これももちろん消費税増税のせいである。

日本に消費税が導入されたのは１９８９年である。１９９７年に従来の3パーセントから5パーセントへアップされ、２０１４年4月から8パーセントになった。

消費税は「内税」と「外税」に分かれているがパチンコ屋の場合、ほとんど「内税」である。ぼくは税理士や弁護士ではないので詳しい説明は省くが、内税は消費税込みの価格であり、外税は別途で消費税という事になる。

今回の増税まで、パチンコを打つときに消費税を支払っているという意識を持っているパチンカーはあまりいなかったのではないかと思うが、これまでは店側が負担して払っており、客はその分得をしていた。それが、今回の8パーセント、続いて10パーセントの増税と聞き、もうこんなに負担していられないよ！　というのが今回の交換率変更に繋がったわけである。

パチンコ屋の消費税を簡単にまとめると以下のようになる。

内税が5パーセントだったころは、玉貸し料金を4円とすると消費税は0・19円。客は貸し玉ボタンを押すたびに0・19円の消費税を支払っていた事になり、店側は消費税分を差し引いた3・81円で玉を貸していた事になる。

つまり実際の玉貸し料金は4円ではなく3・81円という事であり、等価営業と謳っている店は景品交換時に4円で交換するので交換ギャップで損をしているわけである。この辺りの事情が「等価営業から釘が渋くなった」と言われる所以である。

消費税が8パーセントに上がり従来通りの4円貸し営業を継続した場合、実際の玉貸し料金は3・71円になり消費税ＵＰと共に実質的に大きな「値下げ」を強いられる事になる。

ここで内税ではなく外税に切り替えると4円で貸して別途消費税になるので店の懐は痛まないが、客にとって非常にわかりやすい「大幅値上げ」になるので客離れは必至である。といって、このまま内税方式を続けると玉1個あたりの利益が消費税UPのたびに減っていく。更に消費税が8パーセントから10パーセントになった場合、1個の貸し玉料金が4円表示でも実質は3・64円になってしまうのでパチンコ屋の営業はますます苦しくなる。

このような事情から、増税後は多くの店で交換率が変更され、また店によっては内税方式を止めて外税に切り替えたり、一般景品の税金を上乗せするということが行われているのである。

パチンコ屋の消費税について某店長が語ってくれた。

「消費税5パーセント時代は税金を店がまとめて払っていましたが、利益率は上げるという考え方でした。利益率を上げる一例として交換率ダウンがあります。

消費税導入時に、100円分の特殊景品に対して一律40玉交換から42玉交換に変わった地域もあったようですが、これは非常に分かりやすい例ですね。

台間サンドに『貸し玉1個4円（税に関する表示は皆無）』というステッカーを貼ることが義務付けられていたのを見ても分かるように、貸し玉はあくまでも4円（税無視）です。しかし店は損をしないように営業しています。

消費税が8パーセントになってからは全国で内税、外税という営業に分かれた為に問題がクローズアップされていますが、実際は今までと変わらず、税無視でやっている所も多いですよ」

消費税の扱いについては個々のパチンコ屋の考え方次第であると言える。


店長諸氏に、「消費税5パーセント時代に税金を意識して営業していたか?」「消費税8パーセント時代突入についてどう思うか?」とアンケートをとってみた。

代表的な意見をまとめると以下の通りである。

「胸を張って言う事じゃないですが、消費税は意識していないですね。純粋に企業としての損益分岐利益額を算出する時には考えましたが」

「日々の調整では一切計算していません。単純にその日の粗利だけを見ていたと思います」

「消費税UPの対応はホール毎に様々ですが、経常利益の額面は変わりませんから内税スタンスのホールは大変です。外税にして交換率を変更したりしている場合はまだましだと思いますが、それでもどこまで回すことができるのか。私の周りでは経費削減にさらに力を入れているホールが多いという感じです」

先ほども書いたが、パチンコファンの中にも「税金の事なんかいちいち考えてパチンコを打っていない」という方が多いと思う。実はぼくも消費税の事など考えて打った事はない。しかし消費税のUPは目先の損得、銭勘定の問題だけではなく、長期的な釘や設定にも確実に反映される。ますます打ち手に厳しい状況になるのは事実である。

ぼく自身が日々感じている事だが、4月以降、近隣店舗の釘調整が非常に辛くなってきている。ぼくが行っている店舗は現状（2014年7月）貸し玉料金の店内表示を見ると相変わらず「1玉4円、1枚20円」という表示だが、1000円当たりの回転数が16～18回転だったものが、8パーセントになってからというもの軒並み14回転前後まで下げられている。

このような激ワル調整の台に誰が座るのかと思うのだが座るのである。つくづく理解のあるファンのお蔭で成り立っている業界だと思う。

だが、消費税が10パーセントにUPしても、これを乗り切る資金力が客やパチンコ屋にあるのだろうか。

パチンコ屋の未来像をCRAナカムラ氏はこのように分析している。

「消費税増税後、ズバリ、パチンコ屋は全ての増税負担を打ち手に被せます。全国的に交換率が下方修正されてそれが実質打ち手の負担になります。パチンコ屋は機械代を削ってなどと表向きは言っていますが、ライバル店と競争する中で新台を減らす勇気はなかなか持てないと思いますよ。それくらい今は新台依存が激しいのです」

ここ数年、「パチンコ、やーめた」というファンが増える中、激辛の調整にくわえて交換率まで下方修正されたら残ったコアなファンもパチンコから離れていくのではないだろうか。果たして新台入れ替えだけで客足を繋ぎ止めることができるのだろうか。

店長の中には「消費税が8パーセントになっても客に大きな動きはなかった」と呑気な事を言っている方もいる。しかし8パーセントから10パーセントに増税された場合も「客に動きはなかった」と言えるのか疑問である。

パチンコもタバコのように消費税が上がっても打つ人は打つのだろう。であれば、パチンコが好きな方は程々に、そうでない方は「今がパチンコを止めるチャンスですよ」と言っておく。

パチンコを取り巻く状況は悪くこそなれ、良くはならないというのが多数の意見であることはご承知おきいただきたい。

6 三店方式いろいろと換金問題

パチンコを語る時に避けて通れないのが換金問題と三店方式である。
三店方式というのは、次のような景品買い取りシステムのことである。

〈パチンコ屋〉が〈客〉に特殊景品を渡す
←
〈景品交換所〉は〈客〉から買い取った特殊景品を〈景品問屋〉に手数料を乗せて売る
←
〈問屋〉は〈景品交換所〉から買った特殊景品に手数料を上乗せして〈パチンコ屋〉に売る
←
〈パチンコ屋〉は〈問屋〉から仕入れた特殊景品を再び〈客〉に提供する

景品買い取りシステムでは守らなければならないルールが３つある。

①パチンコ屋と買取業者に特定の関係がないこと
②パチンコ屋と買取業者間に運転資金のやりとりがないこと
③無価値な景品の買い取り、還流がないこと

である。

だが、この景品循環システムだとパチンコ屋が常に損をする形になるため、血縁者、同族経営の三店営業、自家買いといった脱法行為が行われるケースが稀に出てくる。

景品を右から左へ流すだけで手数料を得ることができるオイシイ商売という事で、昔は訳ありの連中が存在したのは事実である。


店長諸氏に「このシステムについてどう思うか」とアンケートをとったところ、

「第三者による三店方式厳守という条件で合法である」

「新しい法律が必要になると思うが、ギャンブルとして認定すべき」

「今のままでやるべき。白にも黒にもなってはいけない」

など様々な意見をいただいた。

ちなみに、三店方式の流れは関東と大阪は若干違い、大阪では、

〈パチンコ屋〉←〈客〉←〈福祉事業協会〉←〈大和産業〉←〈パチンコ屋〉

という流れになっている。

三店方式には地域性があり、ユニークな方式では「三重方式」がある。以下、『パチンコ学講座』(宮塚利雄著・講談社)からの抜粋である。

「三重県遊技業協同組合が印刷会社（大日本印刷）から景品の『栞』を仕入れ、これを各支部組合に納入する。パチンコ店は各支部組合から栞を購入して、裏面に店名と日付を記入する。パチンコ客はパチンコ店から栞を受けとって商店と呼ばれる景品交換所で換金する。回収された栞はすぐにパンチされ、穴があけられる。商店はこの栞を金融機関に持参して決済される。金融機関に持ち込まれた栞は各支部が引き取り焼却する」


最終的に「焼却」されるために循環しないシステムである。この他にユニークなものとしては「四店方式」の確立で県下のどこの景品交換所でも換金できる「岡山方式」もある。

三重方式も岡山方式も個人的に非常に興味ある換金システムだが引用した本が15年以上も前のものであり、近隣店舗に知り合いがいないため最新の状況がわからないのが残念である。

最後にもう1つ、各店長に問い合わせてみたところ「○○方式（○○は地名。筆者の心の小動物が危険と判断したので伏字にさせていただく）」という特殊なシステムを教えてもらった。


〈パチンコ屋〉

←

〈客〉は店外の〈自動換金機〉で現金に交換
↓
〈パチンコ屋〉が〈自動換金機〉から景品を回収

大丈夫なのか、これ？

換金について、ぼく自身の意見を言うと「条件付きでＯＫ」だと思っている。条件とは「第三者による三店方式の厳守」である。「自家買い」など問題外だ。

本音を言わせてもらうと「換金できないギャンブルほどつまらないモノはない」と思っている。パチンコは紛れもなくギャンブルである。そこをボカすからおかしな話になる。ギャンブルの是非は別にして、パチンコは「民間ギャンブル場だ」と認めたうえで「少額換金なら認めてもいいのでは」とぼく自身は思っている。

7　パチンコは遊びです

以下は某大手チェーン店の店員からいただいたお言葉である。

「みなさま勘違いされているようですね。例えば、釘が良いとか悪いとか、勝ったとか負けたとか言いますけどパチンコは『遊び』なのです」

何のことかわからないと思うので詳しく状況を説明しよう。ドライブがてら車を流していると駐車場がほぼ満車状態のパチンコ屋を発見した。

ちなみにこの店、とある県にある全国展開の大手チェーン店である。覗いてみると台の8割方が埋まっている高稼働の店だ。

これだけ客が入っているということはそこそこ遊べる台があるのだろう。そう思って試し打ちをすると全然回らない。１０００円で10回前後である。他の客が打っている台をさりげなくチェックするとどれも似たような釘調整のようだ。いわゆる「ボッタクリ調整」である。

数台流し打ちしてみてもまともに打てる代物ではない。あまりにも回らないので「回る台はどこにあるのですか？」と店員に尋ねてみた。

すると「本日は○○がお勧めです」と言う。

言われるままに打ってみると５００円で１回転。冗談のようだが本当の話だ。

２台目は５００円で６回転。さすがに打つ気も失せ、先ほどの店員に再び話しかけてみた。

「ひどい釘だね、これでは客は絶対に勝てないだろ」

するとその店員が言った。

「お客さまは何か勘違いなさっているようですが、当店のお客さまは勝ち負けではなく、みなさま『遊び』に来ているのです」

心の小動物が珍しく雄たけびを上げた。

「なんじゃぁ、そりゃ!!」

こいつ、アホか？　と呆れた瞬間――心の中に大きなチャンスボタンが浮かび上がった。ポチっと押すと「アホかも!?」という女性の声とレインボー柄の文字が出た。もう一度押すと「ぴこっ」と音がした。アホ確定である。

「１０００円秒殺の調整なのに遊びなの？　遊びと言うならもう少し回ってもいいんじゃない？」

店員はふふんというしたり顔で言った。

「回らないから勝てないとか、釘うんぬんというお客さまはこの辺りにはおりません。みなさま遊びに来られるのです」

「勝ち負けは関係ない？　回らなくても問題ない？　それなら客はどうやって台を選んでいるの？」

「遊技台の『確率』で選んでおります。大当たり確率99分の1などの甘い確率の台、つまり『当たりやすい台』を打ちます。あとは玉数の多い1円パチンコを楽しんでおられます」

「ふーん。釘はどうでもいいんだ。５００円で1回転しか回らなくてもＯＫなんだ」

「都心はどうか知りませんが、この辺りのお客さまはそうですね。確率で台を選んで、みなさま納得して遊んでおられます。確率の甘い台や1パチに人気があるのはそういうことです」

嘘ではない。実話である。

「爆弾発言、ありがとー」とお礼を言いながら、ワイシャツ姿の別の店員にも声をかけてみた。すると先の店員とのやり取りを聞いていたようで「先ほども申しました通り、当店のお客さまはみなさま遊びに来ているのです」と即答した。

「回さなくても客は来る」という信じられない営業を成功させている例がここにあった。

回らない調整の台ばかりでも客は来るのである。そういう店も世の中には存在するのだ。

某店が勝ち負け以上に魅力のある店なのか、単に客がおかしいのか、ぼくにはよくわからない。

ぼくはパチンコを遊びだと思ったことはないが「客は遊びに来ている」という言い分はある意味「真理」であろう。「遊ばせてもらっている」という表現でもいいかもしれない。すべてはパチンコ屋の「教育」のたまものである。

人間は環境に順応するというか、慣れる生き物なのだ。厳しい釘調整も慣れてしまえば「そういうもの」と納得する人々、地域もあるのかもしれない。

パチンコファンの多くは自身で気付かないうちにパチンコ屋に教育されている。例えばあなたはパチンコを打つ時に「どうせ勝てないだろうけど、ひょっとしたら……」という淡い期待感を持って打っていないだろうか。

そして「やっぱり出なかった」という確認作業で店を後にする。だが数日後……早ければ翌日には「どうせまた負けるだろうけど、ひょっとしたら勝てるかも……」という甘い夢を描いてパチンコ屋へ行ってしまう。心の底では「どうせ今日も負けるんだろうなぁ。でも、大当たりすればラッキー」という負け戦のノリでパチンコ屋に行く。

負けてもいいから1回でも大当たりを見たい。これこそまさに勝ち負け度外視の立ち回り。回ろうが回るまいがどうでもいい姿そのものである。某パチンコ屋の言うところの「遊び」に来ている姿がまさにこれであろう。何万使おうが、何十万負けようが、勝ち負け度外視なら遊びの範疇である。

遊びのパチ屋の釘調整は自称パチプロや軍団排除にも一役買っているようである。食えない、勝てない仕様の台なのだから当然だ。プロを排除した後もどんどん釘を締めて、どの辺りで一般客が「痛い、痛すぎる」と断末魔の悲鳴を上げるか。その辺りを見極めて調整しているなら大したものである。

それにしても——金を払っている客を前にしてしゃあしゃあと「遊びに来ているんでしょ？」と遠回しに言ってしまえるパチンコ屋ってすごいと思う。

「遊び」なのだから「ギャンブルではない」という弁も立つ。

低貸しと甘デジと激辛調整の組み合わせ。これが大手の言う「遊び」なのだとしたらパチンコの将来は暗いのか、明るいのか、ぼくにはよくわからないが、最後にこれだけは言っておきたい。

パチンコ関係者が自らパチンコを「遊び」だと言うのなら、釘の良し悪し以前に即刻「換金行為はやめるべき」である。遊びなら換金は必要ないだろう。

「パチンコは遊び」をアピールする店員を見ながら元店員としては複雑な思いだった。それにしても、「釘など関係ない」とさらりと言ってしまえる「店員教育」に大手のしぶとさ、逞しさを感じた一幕である。

第3章
パチンコ店
店長の生態

1　パチンコ店店長の仕事

　パチンコ屋の店長というとどのようなイメージを浮かべるだろうか。奥の部屋で監視モニターを見ながらインカムで店員に指示を飛ばし、自分は札束を数えている、といった感じだろうか。それとも、裏でコソコソ遠隔操作をしているというイメージだろうか。
「店長交代イベント」「店長の日」などのこじつけイベントでしか表立って出てこない店長とは、果たして普段何をしているのだろうか？

〈機構ニュース〉（2014年1月号）の記事からである。

「2013年11月にはあるホールで店長が検査（※著者注：遊戯機及び周辺機器の検査）に伺った検査員に対し、『睡眠を妨害された』『その時間分の報酬を払え』『誓約書のコピーなんか信用出来ない』などの言葉を浴びせ、検査受け入れをかたくなに拒みました」

目を真っ赤に充血させて荒れ狂う店長の姿が目に浮かぶようである。

別件だが、検査員に暴言を浴びせた挙句、胸を突いてくるという「暴力行為」に及んだ店舗責任者もいたという。

検査員はさぞかし驚いただろうが、パチンコ業界に関わるならば覚えておいていただきたい言葉がある。


「業界の常識は世間の非常識」


一昔前のパチンコ店員は一癖ある奴が多かった。見た目はチンピラ、客を客とも思わない接客、暴言、客とつかみ合いの喧嘩をしている奴もいた。

しかし現在、客の目に触れる店員は見た目だけはまともな連中が多い。一部に例外はいるものの、おしなべて口の利き方も柔らかく丁寧である。

むしろ問題なのは外部の人の目に触れない店員以上の連中である。

ぼく自身が店員時代に一番揉めていたのは店長だ。店長の中には「オーナー気取りの暴走店長」や「勘違いしているプチ権力者」がいる。こういう輩が雰囲気を非常に悪くしている場合がある。

胸を突かれた検査員には「気の毒に」という言葉しか見当たらない。指先で軽く小突くにしろグーで思い切りド突くにしろ、暴力行為は罰せられて然るべきである。

ただ一点だけ「睡眠を妨害された」という店長の言葉には若干同情の余地がある。ぼくが現場で見続けてきた店長は万年寝不足気味だった。なぜ寝不足か。それは店長の勤務形態にある。一例として店長の1日の仕事の流れを追ってみよう。

朝7時に店舗到着→10時開店後、休憩→16時に早番、遅番の引継ぎのため再出勤、食堂で夕食の後、休憩→22時、再び出勤。閉店後に台の調整→24時、終礼、施錠、帰宅

これはあくまでも店長の下に「仕事を任せられる部下がいる」場合の話である。部下が育っていないパチンコ屋の場合はこんなに甘い勤務ではない。

遊技台の調整を1人で行い、営業中は接客トラブルや台トラブルによる呼び出しに備えて事務所で待機。

年中無休の商売ゆえに連休や有休など基本的に取る事ができない。休日も遊技台の調整をしてから「半日だけ休日」という店長もいる。

前述の「暴言」を吐いた店長は精神的にも肉体的にも限界だったのだろう。パチンコ店長はある意味、24時間拘束奴隷なのである。

しかし近年、店長業務も待遇が改善されて「完全二交代制システム」を取り入れている店

もあるようだ。某店長の話である。

「私自身は阪井さんが言うような『開錠から施錠まで勤務』という経験はありません。1日中事務所に詰めているような生活が毎日続けば家庭崩壊になりますよ。モチベーションも下がります。仕事に追いまくられて睡眠不足では新鮮な発想も浮かばないですよ」

某店長の話をまとめると、「完全二交代制」とは例えば店長が早番で、役職者が遅番という感じのようだ。もちろんこれは早番と遅番が入れ替わることもある。

あくまでも一例だが、某店長の勤務例である。

〈早番〉朝8時に店舗到着↓10時開店↓12時、食事休憩（30分程度）↓16時、遅番朝礼↓17時～18時に帰宅

〈遅番〉15時に店舗到着↓適当に食事休憩を取り（30分程度）↓23時、閉店。遊技台の調整↓24時、終礼

これでは思いっ切りサラリーマン店長だ。

「今はこんなものですよ」と某店長は言う。

ぼく自身は店長の経験はないが、かつてあちこちのパチンコ屋を放浪しながら店長の疲れ

切った姿を見るたびに「ぼくにはできない」と思ったものだ。

「パチンコ屋の店長ってどんな人？」と聞かれれば「事務所のソファーに横たわっている疲れ切ったおっさん」もしくは「机に突っ伏して寝ているおっさん」と答えるだろう。

妄想や誇張ではなく、店長の離婚率は非常に高かったように思う。

しかし、それも昔の話。今は店長でも割と自由に休暇が取れるようである。羨ましいというか、時代が変わったのだろう。

それでは、疲れ切った表情の昔の店長たちは給料を幾らぐらい貰っていたのか？

税込月収１００万円が最高、最低は税込26万円がぼくの知る店長の給料である。

それでは今どきの交代制勤務の店長は幾ら給料を貰っているのか。さすがにこの質問には「勘弁してください」という事で答えていただけなかったのでパチンコ就職サイトで調べてみた。どうやら月収40～50万円、年収６００～７００万円が相場のようである。

最後に、ホールに一切顔を出さないパチンコ店店長が事務所でコソコソ何をやっているのか尋ねてみた。

「遠隔操作ではないですよ（笑）。メルマガの作成、イベントの立案、ポップの制作、各種事務処理、提出書類の作成、遊技台のデータチェック、本部とのやり取り、細かい仕事が色々あります」

大したことはやっていないが、事務所で呑気に寝ているというわけでもないらしい。ホールという名の戦場を汗だくで走り回っている店員と違って事務所で汗ひとつかいていない店長も色々と忙しいようだ。

立場上、オーナーに一言言えない店長たちに「何か言いたい事はないですか?」と尋ねてみた。

「4号機バブル時代の考え方では通用しません」

「モノにフォーカスせず、ヒトにフォーカスしましょう。ヒトというのは社員であり、お客さんです」

「社員が頑張りたいと思う環境を創りましょう」

「ちゃんとパチンコを勉強してからモノを言ってもらいたい。わからないなら、わかる人間に任せてほしい」

吐き出したい事が山のようにあるようだがキリがないのでこの辺でやめておこう。

現場のパチンコ店員は負け客の対応と肉体労働でストレスの塊だが、事務所の店長もそれなりのストレスを抱えているようである。パチンコ屋で働くのも楽じゃないという話だ。

2　後は任せた

先ほど、パチンコ屋の店長は「睡眠不足で厳しい労働に耐えている」と書いた。嘘ではない。だが、パチンコ屋の店長は口ばかりで体は動かさない方もいる。いや、本当はこちらのタイプが大半かもしれない。

某店に安田（仮名）という店長がいた。

安田店長の勤務する店は〈店長のみ自由出勤〉で、タイムカードの1日の出勤時間が8時間を満たしていれば連続勤務であろうが、短い勤務時間の寄せ集めであろうが問題なしという店だった。

安田店長は自由出勤という特権を大いに活用し、開店した5分後には役職者に「後は任せた」という一言を残して姿をくらまし、閉店ギリギリになると店に戻って来るという優雅な日々を送っていた。

店長が開店から閉店まで雲隠れして何をやっていたかといえば「他店の視察」という名の

「パチンコ遊び」である。自由出勤万歳だ。

因みに安田店長が実際に勤務していた時間は、開店前と閉店直後のほんの2時間ずつだけ。つまり、ほぼ毎日4時間前後しか勤務していないのである。

1日たった4時間しか勤務していない店長の不正がなぜ経営者サイドにばれないのか。なぜならばタイムカードを不正に操作して8時間勤務しているように改ざんしていたからである。

タイムカードの改ざんは一部の役職者を除いて誰も知らなかった。勿論、ぼくは知っていたが「まあ、いいや」と見て見ぬふりをしていた。あえて黙っていたのは安田店長が店員たちに対してあまり口うるさい店長ではなかったからである。

安田店長の下で働くのは非常に楽だった。手抜き清掃、手抜き巡回、インカムを使ったバカ話、少し長めの休憩タイム等々……「後は任せた」と言われて「へへぇ～」と生返事しながら適当に接客して適当に給料を貰う日々。

疲れる仕事は時間の経つのが遅いが、楽しい仕事はあっという間に時間が過ぎる。ゆるゆる勤務で春が過ぎ、夏が過ぎ、秋に差しかかった頃……元々ぽっちゃり体型だった安田店長の体型はＳＴ継続ならぬ、ＢＭＩ値の高数値継続でみるみる無残な体型になってきた。

そんなある日、店長が珍しく営業中のホールに戻ってきて「阪井！」と厳しい口調でぼくを事務所に呼んだ。

なんじゃらほい、と軽い気持ちで事務所に入ると、

「てめぇ、舐めた仕事をしてるんじゃねぇぞ！」

と何やらいつもとは違う雰囲気である。

後に聞いた話だと、この日、店長はパチンコでケチョンケチョンに負けたらしい。それに加えて連日の稼働の悪さも手伝って、怒りの矛先が自分自身のゆるゆるぶりではなく、役職者のぼくに向けられたというわけだ。

「掃除がなっていない」「ドル箱が汚れている」「へらへら笑うな」しまいには「給料泥棒！」など厳しい口調で指導するに至り、愛と慈悲の化身と呼ばれているぼくも流石に頭にきた。

てめえは朝から晩までパチンコ打って遊びまわっているくせに、手抜きとはいえ一応仕事をしている店員に向かって「給料泥棒！」とは言い過ぎであろう。

ぼくの穏やかならぬ心中を察する事もなく、この日を境に調子に乗った安田店長は毎日閉店後に勤務者全員をフロント前に並べて説教タイムを始めた。

長々と説教を聞かされる店員たちの間に怒りの電波は伝染し、誰もが店長に対して「早く辞めるか、転勤して欲しい」と心の中で祈った。祈りは風を呼び、嵐を呼び、遂に事件は起

こった。

その日は朝から土砂降りの雨だった。店長はいつものように「後は任せた」の一言を残してパチンコを打ちに行った。パチンコから戻って来ると今夜も説教タイムが始まるのであろう……暗い気持ちでホールを歩いているとフロントから連絡が入った。

「阪井さん、大変です！」

「どうした？」

「店長が大変なんです！」

慌ててフロントに行ってみると、そこには全身ずぶ濡れ、泥だらけ、頭から血を流し、足首が妙な方向にねじ曲がっている店長が、泣きそうな目でこちらを見上げるようにして床に寝転がっていた。

「一体どうしたんですか！」

変わり果てた姿の店長を見て笑ってはいけないと思いつつ、なぜか笑みがこぼれてしまう。やはり人間というのは日頃の行いが大切なのである。

ボロ雑巾のような店長が消えそうな声で言った。

「……ブロック塀が……倒れた……」

言葉の意味が分からない。

「……救急車を呼んでくれ！」

今度は理解した。とりあえず119に電話である。救急車が到着するまでの間、店長から事の経緯を聞いた。

この日、店長は土砂降りの雨の中、少しでも近道をしようとして店舗裏のブロック塀を強引に乗り越えたらしい。因みに店舗裏のブロック塀は誰の目にも明らかに老朽化しており、推定体重100キロ超えの店長を支えることができなかったという訳である。

異常な負荷をかけられたブロック塀は真ん中から真っ二つに折れて崩壊し、天辺からブレーンバスターのように投げ出された店長は崩れ落ちた塀の残骸の下敷きになって誰にも発見される事無く、数時間、雨風に晒されたまま放置されていたらしい。

激しい痛みと出血で悶え苦しんでいた店長が自らの足が折れている事に気が付いた時、火事場の馬鹿力とも言うべきパワーが両腕に漲り、ほふく前進の要領で数十メートルの距離を貞子のように這ってきたのだという。

全身打撲と右足骨折で車椅子復帰した店長は真面目に生まれ変わり……、いや、生まれ変わるはずもなく、パチンコこそ控えるようになったものの「足が不自由だから代わりに買い物に行って来い」だの「入浴を助けろ」だの「病院の往復時は運転手をしろ」だのと以前にも増して無茶を言い始めた。

しかも店員に助けてもらっても「ありがとう」の一言もなく「当然」という態度である。車椅子に座りながらの説教タイムは相変わらずで、タイムカードの不正操作も相変わらず。もはや我慢の限界だ。

店長の傍若無人さに耐えられなくなった数人で本社に直訴したため内偵が入り、テキトーな仕事ぶりの店長は半年ほどで解雇された。

その後、新店長から「阪井のテキトーさは目に余る」という本社への直訴によりぼくも解雇。めでたし、めでたしである。

その後、安田店長は風のうわさで「パチンコ・コンサルタント」になったという。

勤務時間４時間の店長が何をコンサルタントするのかよくわからないが、現役時代に彼が稼働を維持するために行っていたのは、閉店後もシャッターを閉じて客に遊戯させたり、開店時間前に並んでいる客を店内に誘導したり、正月は「24時間営業させろ」と社長に進言したり、まあ、その程度の事である。

「稼働、売上を上げる」という美名のもとに「何でもあり」「バレなきゃいい」という店長は昔は多かった。

件の安田店長も「常識を覆す」と日頃から息巻いていたが、単に常識がない人だったという話である。こういう連中を積極的に幹部候補生として採用していた地方のパチンコ屋も少なからずあったのだ。

この手の輩が規格外の自由奔放さを発揮しながら現在の悪いパチンコに誘導したと言っても過言ではあるまい。

頭のおかしな店長や店員の話はキリがないのだが、神は見ていないようで見ている、やがて天罰は下る——という話である。

3　店長への階段

業界人から「阪井さんは運が悪かったね」と言われることがある。ぼくがパチンコ屋の店長になれなかったことを指して言っているのである。

運も実力のうちというが、ぼく自身の能力不足とやる気不足、上昇志向の欠落、そして経営者や上司との縁が薄かったのが店長になれなかった原因だ。

パチンコ屋の店長といえば、昔は羽振りが良かった。月収100万円は当たり前。ボーナスも1000万単位。表向きの収入だけで年収1000万円など珍しくもない。真っ当な収入の他にメーカーからのリベート、景品業者からのリベート、更に落ち玉、誤差玉までポッケに入れれば「やめられまへんなぁ」の世界である。

しかしそれも昔の話。ぼくには信じられないが、今は月収税込30万円以下、ボーナスちょぼちょぼ、リベートも余禄も無く、社会保険も厚生年金も未加入のパチンコ屋で働く店長もいるらしい。

一言でいえば「物好きな店長」である。それほどまでにして「パチンコ屋の店長」という肩書に執着する意味があるのだろうか。

ぼくには今1つ理解できないが——男1匹、恥を忍んで世間から後ろ指を指されるパチンコ業界に飛び込んだのであるならば、せめて「店長程度」までは上りつめたいという思いなのかもしれない。

実際に、パチンコ屋の店長になるのは難しいのだろうか。

個人経営や中小のパチンコ屋で働いていると、古参の店長が「死ぬまで席は譲らねぇ」と居座っているケースが多い。

こういうパチンコ屋で働いていると何年真面目に勤務していても事故でも起こらない限り店長になることは不可能である。

店長になることが目標でパチンコ屋に来る人は大手のチェーン店に面接に行くことをお勧めする。新店を次々にオープンさせる大手ならば、空きの店長ポストが無いという「ゴールの見えない戦い」をせずに済む。

ここで店長諸氏に「既存の従業員がパチンコ店長に昇進するケース」について語ってもらった。まとめるとこういう事になる——個人、中小店で店長になる場合は、

①店長が正当な理由で退職することにより繰り上げで店長へ就任するケース
②店長が部長に昇格したので店長に就任するケース
③店舗拡大により店長へ抜擢されるケース
④どのような形であれ、オーナーの知り合いで店長になるというケース

①〜④がポピュラーなケースだが、このコースから外れると「パチンコ店員」という肩書きのまま「はい、さようなら」というのが現実の姿らしい。

ぼくも店長たちの話を聞きながら「まさしくその通り」ではないかと思った。

ぼくの拙い経験では、真面目にコツコツ仕事をしている姿をオーナーに認められて店長に抜擢されたケースなどない。

何年勤務しても単なる「一店員」の身ではオーナーに名前すら覚えてもらえない。冗談のような話だが某パチンコチェーンで勤務していた時、店舗で起こった火災を未然に防ぎ、消防署に表彰されたことがある。後日、本社でも「素晴らしい行いをした店員がいる」という事でオーナーからも表彰状と金一封をいただいた。

数日後、所用で本社に寄った際にオーナーと会ったので挨拶をすると、返ってきた言葉が「……誰だっけ？」である。

「あんたが直々に表彰した男じゃい！」と言いたくなったが、物言えば唇寒し秋の風……という このチェーン店での最終役職は「副主任止まり」であった。なぜなら昇進の条件が「大卒」か「試験の結果がすべて」という会社だったからである――という事で、大手や地方のチェーン店の場合は前記の①〜④に加えて、

⑤昇進試験に合格して店長になるケース
⑥大卒（学歴）特別扱いで店長になるケース

もある。

ちなみに某店の昇進試験はオーナーが「個人的な好き嫌いで合格させたい奴には内々に回答が出回っていた」というイヤな噂もあり（後に事実と判明）、「コツコツ、まじめに」という姿とはほど遠いのである。

「次に○○に店長になって欲しい」というオーナーの希望があり、それ故「出来レース」になるのだ。

話のタネにもう1つ。

不良店長の悪事が明るみに出て解雇された場合であるが、「残った店員が昇格する」というケースも無い。パチンコ屋の社長にしてみれば「問題を起こした店長も、残った店員も似たような輩」という認識なのだろう。

トンズラ店長の後釜も結局、「外部から引っ張ってきたよくわからない店長」という店長ドミノ倒しの無限ループがパチンコの現場である。

「人材がいない個人や中小店の場合」がまさに右記の例で、

①外部から店長クラスを引っ張ってくるケース

②店長不在のまま、別店舗の従業員、もしくは身内を引っ張ってきて店長の肩書で仕事をさせるケース。この場合、残った古株の店員が店長の補佐役になるが、肩書も給料も変わらないケースが多い

である。

最後に「出来レース」と呼ばれているパチンコ屋の昇進試験制度の内容をぼくの経験で記しておく。店長を目指している方の参考になれば幸いである。

・筆記試験（高卒程度の一般教養および計数管理試験）
・パソコンのブラインドタッチ試験（文字数と時間制限あり）
・遊戯台の取り外し、及び設置試験（こちらも時間制限有り）
・経営者との面接

パチンコ屋で働こうと考えている人の「人生の最終目標」は様々であろう。

店長、その上の部長、さらに自らパチンコ屋のオーナーになりたいという人もいるのかもしれない。

噂で聞いた話だが、あるパチンコチェーン店では40歳で定年退職なのだという。40歳まで精一杯働いてそれなりの退職金をいただき、その金を元手に第2の人生を始めるのだそうだ。

つまり、パチンコ屋で働いている40歳までの長いようで短い期間は「第2の人生に一歩踏み出すための修行の場」なのである。もしもそのようなパチンコ屋が本当に存在するならば衝撃であり、心から素晴らしい会社だと思う。

ぼくは自信とプライドを持って「パチンコ屋で働いています！」と最後まで身内にすら公言できなかった。

数あるパチンコ屋の中には「この店で働いて良かった」と思える1店があるのかもしれな

いが、そのような店をぼくは知らないので「うちの店は最高です」と心の底から、嘘偽りなく言える方がいるのならぜひ取材させていただきたいと思う。

嫌味な話ではなく、見たことがないのだからぜひ見せてほしいと思うのだ。

どのようなパチンコ屋でスタートを切るか――パチンコ人生の幸不幸はスタート地点で決定するのかもしれない。

ちなみに長い人生を「使い捨てパチンコ店員のまま」ゴールを決めた人にもお目にかかった事がないのでこちらも併せてぜひ見てみたいと思う。

一介のパチンコ店員としてホールを走り回って50年……不謹慎な言い方だが、この道一筋の老店員がドル箱を持ったままホールで倒れて殉職する姿を一度見てみたいのだ。

「俺の生きざまを見ろ!」

死して全国のパチンコ店員の魂を揺さぶってもらいたいものである。

4　店長集団暴行事件①

表向きは平等な条件で昇進できる〈試験制度〉を導入している大手と違い、個人的な繋がりで昇進する小規模店で店長になるのは容易ではない。

真面目に勤務しても両替担当や主任止まりが関の山で、店長が辞めない限り自分がその位置に収まる事はないのだから「やる気を出せ」と言われても出てくるのはため息ばかりだ。

「……何とかしなければ」と思ったところで「何ともならない」のが現実だが、「力でねじ伏せても何とかする！」という妙なやる気が暴走すると「事件」に発展する事がある。

最近のパチンコ屋はまともになり「従業員を選んでいる」そうだが、昔はヒト科の生き物なら誰でも採用するパチンコ屋が掃いて捨てるほどあった。

やる気もへったくれも関係なく、「今から働けるか？」「へい、親分」で即、採用である。寝床と食事には困らない最低限の生活と最底辺の仕事、それがパチンコ屋だったのである。

そんな底辺の職場の1つに『血みどろ（仮名）』というパチンコ屋があった。『血みどろ』

の店長は田村（仮名）という40代後半の男だった。

田村店長が鉛筆で適当に書いた履歴書を見ながら言った。

「阪井さんは真面目に働く気はあるのか？」

何を言っているのだ、と思った。真面目に働く気持ちがあれば鉛筆書きの履歴書など持って来るはずがない。

実は『血みどろ』の前に1件、別のパチンコ屋に面接に行って来た帰りなのである。そこは行ってびっくり、ヤーさん系パチンコ屋だったので丁寧にお断りし、今後は履歴書を無駄にしたくないので何度も使い回しができるように鉛筆書きの履歴書を書いた訳である。

パチンコ店員の中には履歴書にプリクラの写真を貼ってくるケロヨンや、名前しか書いていない白紙状態の履歴書を持って来るミジンコがいる。連中と同じレベルに思われると嫌なのでできるだけ濃い色の鉛筆で書いたのである。そこはやはり大人なのだ。違うか。

まあ、パチンコ屋などこの程度の履歴書でＯＫである。鉛筆の粉が飛び散った履歴書を見ながら唸っている田村店長。事務所内の空気が重たくなってきたので、

「真面目に働いて立派な店長になりたいのです」

と言うと、田村店長は机から新品の履歴書を取り出し、

「ボールペンで書き直してくれ」

と言った。やれやれ、無事採用である。よかった、よかった。

血みどろには田村店長の他に元ボクサーの飛鳥主任（仮名）、鮫島（仮名）という目付きの悪い班長以下、全部で12人の従業員がいた。

田村店長は自由出勤、従業員はA班（主任リーダー）、B班（班長リーダー）の2つに分かれ、早番、遅番勤務を1週間交代で行っていた。ぼくはB班に配属され、経験者という事で班長の下で両替担当の仕事を覚えることになったのである。

入店して数日後、休日に独身寮で寝ていると誰かが扉をノックした。

パチンコ屋で働いていて「何が1番聞きたくない音か？」と問われれば「ノックする音」と答えるだろう。休日のドアノックは誰かがトンズラしたか、ずる休みをして人数が足りなくなったという事である。つまり「休み返上でホールに出ろ！」というお呼びの音なのだ。

パチンコ屋の場合、休日出勤をしても代休がもらえるわけではなく、目くそ鼻くそ程度の手当で誤魔化されることが多い。月4日程度の少ない休日を無駄にして微々たる手当では割が合わない。寝たフリや外出中を装って無視する事もできるが、無視の繰り返しが「やる気がないなら辞めろ！」という熱いリーチへ発展するのである。

入店早々、喧嘩をして辞めるのも悪くないが、たまたまその日は喧嘩をするのも面倒くさい気分だった。忍者のように音をたてずに扉に近づき、ドアスコープからこっそり外の様子を窺うと、外の人もドアスコープ越しに中の様子を窺っていた。

「阪井さん、みーつけた」

「いるんだろ？」

飛鳥主任と鮫島班長である。観念して扉を開けると2人は「どうぞ」と言っていないのに「ちょっといいかな」と言いながら部屋の中に入ってきた。2人の雰囲気がいつもと何か違う。目が危険な光を帯びているのだ。この目は重大な「何か」を決意している雄の目である。ぼくが女性なら「犯される！」と叫んだ事であろう。

「ここだけの話という事で聞いてくれ」

「いや、聞きたくない！」と思ったが、それを口にすると後々どんな嫌がらせをされるかわからない。それがパチンコ屋というものである。

「……何の話ですか？」と伺うと「田村店長をどう思う？」と言う。

嫌な質問だ。昨日今日やって来たばかりの新人相手に「どう思う？」もへったくれもないだろう。こういう質問は「ぐふふ」と笑って誤魔化すしかない。

ぼくはパチンコ店員100の技の1つ『ぐふふでスルー』を発動した。目を限界まで細め、できるだけ下品な表情で「ぐふふ」と笑って誤魔化すのである。

2人は「ぐふ技」に動ずる事もなく「そうか。あんたも田村店長が嫌いなんだな」と間違った結論を導き出した。このままでは入店早々、妙な派閥争いに巻き込まれる可能性がある。

ぼくはできるだけ悲しそうな目をしながら再度「ぐふふ」と笑いながら微妙に首を傾げた。

これは「好きでも、嫌いでもありません」という意思表示なのだが、飛鳥主任は「その顔はどういう意味だ？」と言った。意味などない。あえていうなら、「ぼくはバカなのでわかりません」という意味である。大人なら察してほしい。

鮫島班長が「真面目に話を聞いているのか？」と言うので、真面目に「ふんぐ」と答えた。

飛鳥主任がぼくの顔面15センチまで顔を近づけながら言った。

「あいつはとんでもない奴なんだ。阪井さんは来たばかりだからわからないだろうが、俺たちは店長から暴力を受けている。あいつは気に食わない奴に暴力を振るうんだ。嫌なら辞めろって言いながら、やりたい放題だよ」

パチンコ屋で働いていると「愛の鞭」ならぬ「愛のない鞭」の洗礼を受けることがある。それは言葉の暴力であったり、直接的な暴力であったりするが、そういう事を平然と行う精神状態の底には様々なコンプレックスがあるのだろう。

某パチンコ屋で働いていた時、その店の店長が「○○人の俺が日本人をコキ使っているんだぜ！　ざまあみろ！」と悦に入っているシーンを見た事がある。日本人従業員をこき使い、日本人から銭をむしり取っている営業はさぞや「気持ちいい」のだろう。

田村店長の国籍は知らないが、日本全国でやりたい放題営業の裏側を見てきたぼくは「さもありなん」と思うだけで返す言葉もない。

飛鳥主任が言った。

「俺たちを含め、従業員が全員一致団結して店長を追い出そうと思う。阪井さんも仲間になってくれるだろ？」

「ふんが」

ぼくの言葉を無視して鮫島班長が続ける。

「今の店長を追い出した後は、飛鳥さんが店長に、俺が主任に、阪井さんは経験者だから班長に引っ張り上げてやるよ。悪くない話だろ？」

「店長を追い出すって、どうやって追い出すんですか？」

２人の言葉がシンクロした。

「それはあんたが仲間にならないと教えられないよ!!」

どうやら本気のようである。

「そういうのは苦手なんで勘弁してください。今日の話は聞かなかった事にしますので……

誰にも言いませんから」

逃げを打ったが、2人は「いいから仲間になれ」としつこく食い下がってくる。それでも断り続けると「仲間にならないなら仕方ないけど、今日の事は絶対に内緒だぞ！」と厳しい口調で念を押した。

帰り際に元ボクサーの飛鳥主任がぼくを睨みながら拳を鳴らし、目付きの悪い鮫島班長が魅惑的な低音で「誰にも言うなよ」とダメ押しに呟いた。

面倒くさい連中……しかしパチンコ屋で働いていると、「○○が気に食わない」「○○を殴ってやる」「気に食わないから足を引っ張ってやる」等というのはよくある話である。

50歳を過ぎたおっさん店員同士のホール内バトル、店長を出刃で追いかけまわした店員、告げ口合戦、本書では書けないエログロナンセンスの世界がパチンコ屋にはある。

人間というのは、国、環境、教育、貧富で「善と悪に対する考え方が狂ってしまう」ケースが多々あるという事である。

店長追い出し作戦はこの日から数日後に発動したが、一握りの人間の欲が生み出した驚きの行為が全従業員を巻き込んだ「事件」に発展する事になるとは……神ならぬ身の知る由もないのである。

5　店長集団暴行事件②

飛鳥主任と鮫島班長の「店長を追い出そう」という不穏な誘いをなんとか断った後も、ホールは何事もなく、田村店長は相変わらず普通の人で、飛鳥主任や鮫島班長も普通にぼくと接していた。

田村店長と役職者２人が和やかに談笑している姿を見るにつけ、あの時、ぼくの部屋にやって来たのは本人の意思とは無関係な「生霊だったのでは」と思えた。

２人から暴力店長と名指しされた田村店長はどの角度から見ても「暴力大好き人間」には見えず、むしろ普通すぎて拍子抜けするというか、過去に見てきた大勢のパチンコ店長の中では至極マトモな人に思えてくる。

とはいえ、パチンコ従業員の中には大人しいフリをして夫婦者の奥さんに手を出す輩や、人としての生きざまを説きながら売上金を持ち逃げする輩、「あなたの事が大好きです」と言いながら陰で悪口を言っている輩が多数生息している。パチンコ屋では信じられる者など誰もいないのだ。

高確率で裏切られる職場では誰かに何かを期待するよりも、カウンター脇に置かれた水槽の熱帯魚に何かを期待した方が遥かにマシなのである。

何れにせよ、このまま何事もなく平穏無事に勤務を続ける事ができ、程々の給料を貰って、程々に生きていく事ができればぼくには言うことは無い。客の呼び出しランプを無視して熱帯魚を眺めている平和な日々。しかし、悪魔の囁きから数日が経過した頃——事件は突然起こった。

遅番で出勤するために駐車場をトボトボ歩いていた時である。店の裏口から顔面血だらけで顔を腫らした田村店長がびっくり箱のように飛び出してきたのだ。

「ひゃぁ」

素っ頓狂な声を出しているぼくの横を猛スピードで駆け抜けていく田村店長。

「どうしたんですか!?」

ぼくの質問にも田村店長は振り返りもせず、走り去ってしまった。

意味が分からず事務所に入ると、早番で勤務していた店員数人と、遅番出勤者の数人が顔面を腫らし、ある者は血を流し、ある者は腹を押さえてうずくまっていた。その中には飛鳥主任と鮫島班長の姿もあった。

「何があったんですか!?」

鮫島班長が言った。

「あいつがいきなり暴れ出して……このザマだよ」

「あいつって誰ですか？」

飛鳥主任が叫んだ。

「店長だよ！　あの野郎、ぶっ殺してやる!!」

飛鳥主任は物騒な言葉を発しながら「社長に一部始終を報告してくる！」と事務所から出て行った。

「一体、何がどうしたんですか？」

ぼくの質問に名も知らぬアルバイトの１人が俯きながら答えた。

「いきなり店長が殴りかかって来て……みんなで押さえたんだけど、大暴れして飛び出していったんですよ」

30代の店員が傘を指さしながら言った。

「俺なんかあれで殴られたんだぞ！」

話が見えてこないので整理するとこういう事らしい。

早番、遅番の交代時間に現れた店長は意味不明の言葉を発しながら従業員に殴り掛かってきた。主任が応戦して派手な殴り合いの喧嘩になり、止めようとした従業員がとばっちりを受けて怪我をしたというのだ。

「本当ですか？」

1人1人の従業員の顔を見ながら確認すると、黙って下を見ている者、「痛ててて」としか答えない者、ぼくに対して「あんた、何なんですか！」とキレる者など、妙に歯切れが悪い。鮫島班長が場の空気を変えようと「あの野郎、頭がおかしいんだよ！」と大げさな身振り手振りで言った。「これだけ暴れたんだから、もう店には来られないだろ。主任が社長に一部始終を報告するからあいつは今日でクビだ」

田村店長がクビになって一件落着なのだろうか？

従業員が一方的に殴られて、クビで解決するのだろうか？

田村店長に言い分はないのだろうか？

その日は怪我をしていない店員がホールに出る事になり、田村店長が暴れた一件は飛鳥主任から報告を受けた社長の判断に一任する事になった。

飛鳥主任の報告を重く受け止めた社長は店長不在のまま「田村店長を懲戒解雇して、飛鳥を店長にする」という辞令を出した。

「片方の言い分だけを聞いて解雇はひどいんじゃないか?」と思ったが、今まで一方的にクビを切られ続けてきた我が身を思えば「パチンコ屋ってそういう所」「そういう業界で働いている自分が悪い」と思えてくるから不思議である。誰でも簡単に採用するパチンコ屋は、誰でも簡単にクビにする。それだけの事である。

事件から数日後、ぼくは薄々予想していたのだが、ぼく以外はまったく予想していなかった展開になった。つまり警察の登場である。制服姿の来訪者を見て従業員全員の顔色が変わった。行方不明中の田村店長が被害届を出したのだ。

暴力事件に関わったとされる店員が1人ずつ警察に呼び出され、個別に事情聴取を受ける事になった。

いざとなるとチンピラの結束など脆いものである。警察に引っ張られた従業員は自分の罪を少しでも軽くしようと仲間の悪行をペラペラしゃべり出した。

事件の真相は以下のとおりである。

笑ってしまうほど雑な計画であり、うまくいくはずがないと普通の人なら思うだろう。それを「成功間違いなし」と信じて疑わず、それに乗っかる奴がいるというのがパチンコ屋のしょぼい所だ。

事件当日「事務所で話がある」と田村店長を呼び出した飛鳥主任以下総勢8名は「お前が邪魔だから辞めろ！」と一方的に店長に迫ったが、田村店長は「辞めるつもりはない」と一蹴。

キレた飛鳥主任と鮫島班長が田村店長に殴り掛かってボコボコにしたらしい。6名は無抵抗に殴られる店長を黙って見ていたが、店長は隙を見て逃亡。その後は事前に打ち合わせていた通り、「店長に殴られたので正当防衛の為に殴り返した」と装うため、その場にいた全員が「せーの」でお互いに一発ずつ殴ったらしい。

バカの極みである。

この馬鹿馬鹿しいお遊戯会を始めた理由は、飛鳥主任は店長になってあんな事やこんな事をしたい、鮫島班長は主任へ昇格したい、その他大勢は給料の大幅UPという夢への一歩だったという。

パチンコ屋の店長になることに何の意味があるのかぼくはわからないが、このような絵を描く連中である。パチンコ屋を利用してろくでもない金儲けを企んでいたのだろう。

現金商売のパチンコ屋で〈常識の垣根〉を飛び越える覚悟さえあればそれなりの金を手に入れることは可能である。そのためには犯罪者になる覚悟が必要だが、覚悟は完了していたのだろう。

田村店長は以前から飛鳥主任と鮫島班長に嫌がらせを受けており、いずれこのような事件が起こる事を予測していた。

いざ事件が起こった時に提出できるよう、受けた嫌がらせの数々をノートに克明に記入し、ボイスレコーダーに証拠を集め、事件当日も決して部下に手を出さず、一方的に殴られたのだという。

警察から事実を聞いた社長は土下座して田村店長に詫び、事件に手を染めた従業員の給料を慰謝料代わりにそっくり田村店長に差し出すと言った。

田村店長は従業員の給料はいらないし、被害届も撤回すると言った。「なんで?」と思ったが、加害者の中には20代の若者が数人おり、彼らの将来を心配したのだろう。

結局、事件に加担していた従業員は全員解雇になり、無関係だったぼくと数人が店に残る事になった。

この事件で被害者の田村店長は痛い思いをし、解雇された店員は懲りずにどこぞのパチンコ屋にもぐり込み、残ったぼくは班長という肩書をいただいたが給料が大幅にUPするわけでもなく、少ない人数でホールを走り回る事になった。

結局、『血みどろホール』の全員が何かしらの得をしたわけではなく、ただ痛く、辛く、後味の悪い思いをしただけである。

唯一、社長だけが最初から最後まで「他人事」であり、「慰謝料代わりに従業員の給料を持って行け」という問題発言、つまり「ぼくの財布からはビタ一文出しませんよ」というケチンボ宣言をしただけで事件は闇に葬られた。

あれから数十年。

闇に葬られた〈店長集団暴行事件〉がパチンコ屋で起こった例外中の例外的な事件である事を信じ、祈りつつ、それでもパチンコ屋で働いてみたいという方には「好きにすれば」という言葉を贈りたいと思う。なむー。

6　不正改造と泥棒店長

台の不正改造には、役職者以上の店員、特に店長が絡んでいることが多い。というのも、役職者よりも下の店員では、人がいない間にこっそりと台の中身をどうこうする、ということは難しいからだ。

例えば、遠隔操作を行うには台に何らかの仕掛け、つまるところ不正改造が欠かせないが、このような事件で摘発されるのは大概店長以上の人間である。

ところで、不正な改造は昔のパチンコ屋では遠隔操作以外でも、様々な場面で行われていた。

ゴト師や不良店員が関与した不正改造はもちろん、ゴト対策のために店側が正当防衛的な感覚で行った改造、改良はもちろんのこと、営業時間中に故障台の修理もしていた。

ぼくの場合、店長の指示により行った軽微な改造は多岐にわたる。ホットボンドによる基板の隙間埋め、コネクター接続部のホットボンド埋め、朝一のフラグ成立（モーニング）を見抜かれない為に告知ランプのコネクターを引っこ抜いていた事もあるし、ゴト対策部品を監督官庁に許可、届け出なく取り付けていた。

改造ではなく「修理」という話をすれば、釘折れは営業時間中に堂々と打ち直していたし、ハンドルや液晶部品等の交換は言うに及ばず、基板が壊れれば倉庫にストックしている予備の基板に取り換えていた。

良いも悪いもひっくるめて不正改造の類は「昔」は店長公認で存在していたのだ。あくまでも昔の話である。


それでは、現在は不正改造はどのようになっているのだろうか？

某店の店長に尋ねてみた。

「遊技台の不正改造は今ではほとんど無いはずです。セキュリティが昔に比べて格段に進歩しているし、新台入れ替えのサイクルが短い状況では高い金をかけて不正改造するメリットはないと思います。

店舗責任者は『不正改造の点検』を行う一方で稼働中の台が壊れていないか『定期点検』も行っています。

もしも台が壊れていた場合、遊技性能に関しない部品であれば『変更届出書』、遊技性能に関与する部品は『変更承認申請書』を所轄に提出してから交換を行います。手続きを踏む間、台を止めるというのは非常に痛いのですが勝手に修理、交換はできないのです」

店長の小難しい話を聞きながら、「なるほど、ふむふむ」と納得しつつ「でも、何だかんだ言っても実は今でも不正改造は存在するのではないか？」と疑っているぼくがいる。

あくまでも昔の話と聞き流してほしいが、ぼくが勤務していた某パチンコチェーン店は「健全化」と「お客さまの笑顔」を強烈にアピールしＣＭや広告、接客に力を入れていたが、客の目に触れない裏側ではモーニング関与、裏基板、ぶら下がり、店員の不正行為、店長の不正行為など、表沙汰、新聞沙汰にならない疑惑と事件のオンパレードだった。

パチンコは決して健全な遊びではない。パチンコ業界は非常に胡散臭い。怪しい業界だからこそ、逆にぼくは愛着を持っていたのである。

もしも不正改造は無いというのが事実なら、パチンコ屋も確実に健全化への道を歩んでいるのだろう。

しかし遊技台のセキュリティが進歩し、罰則を強化しても、パチンコ業に従事する１人１人の心構えはどうだろう？

某店の店長とは別の人物だが、東関東の某店で勤務していた時に日頃から「不正改造などない！」と自信満々の店長がいた。

「当店は健全です！」と吠えるのは自由である。ハスキーボイスになるまでキャンキャン吠えていればいいが、ある日「やっぱりなぁ」という事件が起きた。

閉店後に清掃作業をしていた時の事である。突然、本社の社員数人とマルサのような一団が来店し「店長と役職者以外は、全員、掃除の途中でもこのまま帰ってください！」と宣告した。予告無しの抜き打ち検査である。

突然の訪問に、ドッキリの看板を突き付けられた芸能人のような表情の店長が言った。

「何ですか？　どういう事？」

青ざめている店長を無視する格好で検査が開始された。

そして数時間後――優秀な麻薬探知犬のような検査員は「わん！」と鳴かずに「あった！」と叫んだ。何があったのかというと不正基板である。

店長はカッと目を見開いてぼくの肩をポンと叩き「うそだろ！」と言った。

ぼくの肩を叩いた意味はわからないが「うそだろ！」の意味はわかる。「私は無関係ですよ！」というアピールだ。

しかし店長の「うそだろコール」に応える者は誰もいない。

うすら寒い空気と誰かの咳払い。そして「実はあんたが仕込んだんじゃねぇの？」とでも言いたげな犬の鳴き声が遠くで聞こえただけである。

不正基板発見に勢い付いた検査官と本社社員は外が白み始めるまで熱心に仕事をした。熱き男たちは不正基板数点とジェットカウンターの不良を発見したが、それが誰の仕業だったのか……事実は闇の中である。

最後に、その場にいた全員に向かって本社社員が厳しい口調で釘を刺した。

「今日の出来事は一切、口外しない事！」

実はこの手の抜き打ち検査を自主的に行っているのは某店だけではない。他店で何度も経験済みのぼくには「ふーん」という感じであったが店長は初めての経験だったようで、傍目にもかなり動揺しているのが見て取れた。

後日、店長は本社に呼び出され、不正基板とジェットカウンターの一件とは別件の「ホールの備品を横流ししていた事実」がバレて社長直々に懲戒解雇を宣言された。

社長は本社社員全員の前で店長を指さし「クビだけで済むと思うなよ。訴えてやる！」と怒鳴りつけたらしい。尋常じゃない怒り方にその場にいた全員がビビリまくったらしいが、実はこの泥棒店長は当時のパチンコ屋には珍しい「大学新卒入社組」だったのだ。

社長は「パチンコ屋に大卒がキターっ」と大喜びし、浮かれモードで事あるごとに「うちの店には大卒がいる」「歴代店長の中でも優秀、1番信用できる店長です」とあちこちで吹きまくっていたらしい。

ぼく的にはどのあたりが信用に足る人物だったのかよくわからないが、大卒という血統書付きの犬コロが「親分、親分」とすり寄ってくる姿が社長的には可愛かったのだろう。

あくまでも私見だが、パチンコ屋の社長というのは、金はあっても孤独な方が多いのではないだろうか。孤独ゆえに擦り寄ってくる連中にすぐに心を許し、騙され、人間不信に陥っているケースが少なくないように思うのだ。

残念な言い方になるが、人が集まる所には犯罪や不正が尽きないと思う次第である。

7　インカム筒抜け事件

ぼくが初めてインカムを使用したのは今から25年ぐらい前である。

インカムというのは、店員が腰につけているトランシーバーとイヤホン&マイクのセットのことだ。これで離れた場所にいる店員同士で連携をとったり、奥の部屋に引きこもっている店長から指示を受けたりするのである。

現在、多くのパチンコ屋で使用されているインカムだが、個人店や小規模店では「うちのような小さな店では必要ない」と導入していない事がある。無い物ねだりではないがインカム未使用の店で働いていた時は「インカムってなんだか格好いいなぁ」と憧れたものである。

ところが、実際にインカム使用の某店に移動し、インカムを使用してみるとこれが結構面倒くさい。業務連絡をする時はマイク横のボタンをポチっと押して話をするだけなので難しくないが、厄介なのは個々店の「決まり事」というか、インカムを使用する際のルールなのだ。

某店ではインカム使用をする際に必ず「願います！」という言葉を使っていた。

例えば「○○番台の呼び出し、願います！」「休憩、願います！」「食事休憩、願います！」等である。

誰かが「願います」と言ったら「これから俺がしゃべるよ」という意思表示である。ちなみに「願います！」と言われて「願われました！」と返事をするわけではなく「了解しました！」と普通に返事をするのがオチの無いギャグのようで少し悲しい。

ところでパチンコ店員とインカムの組み合わせというのはパチンコファン的にはロクなモンじゃないという認識のようである。

「遠隔操作のやり取りをしている」「客をあだ名で呼んでいる」「客をバカにした会話をしている」などなど……。

遠隔操作のやり取りをインカムで指示しているパチンコ屋は見た事はないが、客をふざけたあだ名で呼んだり、バカにした会話をしているパチンコ屋で勤務していた経験はある。それが先ほどの某店だ。某店では店長自ら客に変なあだ名をつけていたのである。

事の発端は、ぼくがインカムで営業中に「『魁!!　男塾』的な客がいますね」と口走った時である。

（まずい、怒られる）と思ったら事務所にいた店長が、「阪井さん、あれは男塾じゃなくて

『ガクラン八年組』だ」と返してきたのである。

類は友を呼ぶではないが、ぼくも店長も互いに「同類の匂い」を嗅ぎ取ったのである。そして２人は親友。バカというのはすぐに親友になるのだ。

ある日、店長が監視カメラで若い女性客の太ももとホールの状況を観察していると、挙動不審な１人の男を発見した。

男は〈ブドウ台〉を打っていた。ブドウというのは盤面に玉が大量に積み重なった状態を指す。ブドウになると通常は入らない賞球口にボロボロ玉が入るのだ。もしも故意にブドウを作ったならば、男はゴト師である。

店長がインカムで言った。

「ウ○コ野郎に注意せよ！」

ウ○コ野郎とは店長曰く、「胡散臭い客」という直球の意味である。ぼくは「軽く注意してきます」と応えて男の元へダッシュ。ブドウ打ちをしながら携帯で電話中の男にできるだけ柔らかい口調で「こういうのはすぐに呼んでくださいね」と注意を促した。

男は携帯を切ると「こうなる釘調整をしている店が悪いだろ」と言って睨み付けてきた。のっけから戦闘モードである。

ぼくは店長に「ウ○コが日本語をしゃべりました」と小声で報告。店長は「クセェ野郎か？」と言うので「微妙に臭いです」と報告。

　客と目を合わせると吹き出しそうなのでさり気なく目をそらしつつ「次はすぐに呼んでくださいね」と退散した。

　しばらくホールをブラブラ巡回していると店長から再びインカムが入り「またウ○コ野郎がブドウだぞ！」と言う。確認するとブドウの台を何食わぬ顔で打っている。もちろん店員を呼ぶ素振りはない。

　店長に「もう一度注意してきます！」と報告し、大当たりしていないのに出玉が増える魔法の台で楽しく遊戯中の手を半ば強引に止めさせてブドウを取り除き、「次は台を止めますからね！」と宣告した。その瞬間、男がぼくの腕をグイッと掴んで言った。

「なんだ、その生意気な言い方は！」

　無視。

「表に出ろ！」

　仕方なく「はい、はい」と付いていくと、1台の古くて汚い「駅の便所のようなクラウン」が駐車場の奥に止まっていた。

　クラウンの前にもう1人の男が待機している。最初の男をウ○コA、クラウンの男をウ○コBと呼ぶ事にしよう。2人の排泄物が声をそろえて言った。

「誰がウ○コだ！　この野郎！」

「なんの話ですか？」

「お前らの会話なんて全部筒抜けなんだよ！」

「げっ！」

さりげなく車を見ると無線機のような物が後部席に置いてあるではないか。Aが「人の事をウ○コ呼ばわりしやがって！」と怒鳴りながら掴みかかってきた。

「殺される～」と叫んで周囲に猛アピールすると野次馬が集まって来た。

ちなみに、野次馬の中にぼくの親友「店長」の姿はない。悲しい気持ちで「助けて！」とインカムで猛アピールするも無視。世の中、こんなもんである。

Bが荒れ狂うAを制止しながら言った。

「お前らのふざけた会話を録音したから、全部マスコミに流してやるからな！」

「マスコミデビューですか？　ありがとうございます」

ぼくのトボけた回答にAは発狂しそうになったが、BがAを車に押し込み、タイヤを鳴らしながら去って行った。……やれやれである。

事務所に戻ると店長の姿がなかった。「休憩」という名のトンズラである。どこの店の店長でもよくある事だ。

その後の調査で、痩せた釘が折れ曲がって玉を堰き止めていたという事実が判明したのだが、今更どうでもいい情報である。ちなみに2人組が本物のゴト師だったかどうかも不明。

風の噂によるとインカムの傍受をしながらホールの動向をチェックしているゴト師もいるらしい。インカムの盗聴。それ自体が合法なのか違法なのか知らないが、ホールでは余計なおしゃべりは慎んだほうがいいという話である。

最後に言い訳めいた話になるが、すべてのパチンコ屋が客のあだ名や悪ふざけを中心にインカムを使っているわけではない。

ニヤニヤ笑いを浮かべながらホール回りをしている店員がいる一方で、「インカムを使った私語は厳禁！」というパチンコ屋が存在するのも事実である。むしろ厳しいホールの方が多いだろう。

インカムの会話は全て事務所にいる店長に筒抜けになっている。だからインカムの使い方を含めてルールに厳しいかそうでないかは店長の人柄次第なのかもしれない。

8　とりあえず銭を差し出せばよし！

ここまで読んでいただいた方には、店長のお仕事というのは、お気楽そうに見えて意外に過酷であるということはご理解いただけたと思う。ところで、パチンコ屋の店長は時には命さえ張っている、と言ったら驚くだろうか。

警察庁の平成24年の犯罪情勢によると、「ぱちんこ屋、まあじゃん屋等」を発生場所とする強盗事件は平成15年の１１０件をピークに24年は12件と大幅に減少している。

ぱちんこ景品買取所対象強盗事件も平成15年の75件をピークに24年は9件まで減少。ちなみに同年の深夜におけるコンビニエンスストア、スーパーマーケット対象強盗事件については５３６件である。

この数字を見比べて「なんだ、パチンコ屋は安全じゃないか」と考えるのは早計である。

不謹慎な言い方を承知で言わせてもらうが、コンビニやスーパーマーケットはパチンコ屋と違い、広く一般に開放された明るく健全な場所である。そこで働くパートやアルバイトも若者か中高年が主であろう。

扱う金額も数万円程度という状況では強盗も慎重に計画を練って犯行に及ぶというよりも、とりあえず包丁片手に「衝動的にやっちゃった」というケースが多いのではないだろうか。

それに比べるとパチンコ屋は毎月ではなく、毎日、数百万円単位の現金が動く場所である。強盗も大金を目的にそれなりの覚悟で挑んでくるはずである。問題なのは事件の数ではなく質であり「危険度」だと思う。


このようなハイリスクな職場であるにもかかわらず、一部のパチンコ屋は恐ろしく安易な仕事をしていることがある。以下はぼくの体験談である。

前もって言っておくが、パチンコ屋は「襲われたら逆らわずに銭を差し出せ」というスタンスで営業している店が多い。

「体を張ってでも売上金を守れ！」などという厳しい言葉は聞いたことがないし、銭クレージーと呼ばれているオーナーでさえ「黙って金を差し出しなさい」という言い方をする。従業員の年金、保険は未加入でも売上金の保険には入っているパチンコ屋は多い。であるから「怪我をする前に金を差し出しなさい」なのだ。

関東のとある店、仮に「ヤプー」とでもしておくがこの店も「黙って銭を差し出しなさい」という方針の店だった。

ヤプーには変態の店長がいた。どのように変態かと言うと、彼は仕事用のカバンに縄と素敵なグッズを毎日詰め込んで出勤して来るＳＭマニアなのだ。

この衝撃の事実を知っているのはぼくだけである。なぜ店長の秘密を知っているか。それは勝手に店長のカバンの中身を覗いたからだ。ひどい男である。

その日もぼくは店長が発する、「悪いけど、閉店後の設定打ち込みを手伝ってくれないかなぁ……」というお願い電波を心の電波反射ガラスで「しるけぇ！」と撥ね返しながらとっとと帰宅した。

翌日、鼻歌交じりに出勤すると、店長が口にガムテープをぺたりと貼り付けられ、縄でグルグル巻きに縛り上げられて事務所の床に転がされていた。いわゆる放置プレーである。

ＳＭ大好き人間とは知っていたが、いくら好きでも事務所にＳＭ系のデリヘル嬢を呼ぶほどバカではあるまい。

「ふが、ふんがー」

喘ぎながらべそ顔でぼくを見上げている店長。冷たい視線で見下ろしているぼく。

……眩暈がした。

心臓がドキドキして、いつもはかかない汗がどっと噴き出してくるのがわかった。

毎度の事だが、事件であれ、喧嘩であれ、ＳＭであれ、衝撃に遭遇すると一瞬、時間が止まったような感覚になる。体は理解していても心がその事実を受け入れないのだろう。

大きく息を吸い込んでから110番へ通報した。幸い、店長は強盗に軽くド突かれただけで他に目立った外傷もなく、強盗の要求に応じて素直に売上金を渡したことで命拾いしたらしい。

SM店長緊縛事件はずいぶん前の話だが、これ以降、明るい時間の退社であってもできるだけ複数で帰宅することが本社から命じられた。もちろん閉店後の1人作業も禁止である。

高額の現金を取り扱うパチンコ屋では事前に危険要素を排除するのは当たり前の話だが、組織としての危機管理ができていない店が多いのは事実だ。特に中小店に意識の低い店が多いように思う。

意識の低い店は悪いやつらに狙われ易い。そのため、漏れなく酷い目に遭うものである。

静岡にも非常に大らかと言うか、何も考えていない店があった。その店は前日の売上金をギュウギュウ詰めにしたボストンバッグをうら若い女性銀行員が開店直後に来店して受け渡ししていた。しかも来店は「車」ではなく「徒歩」である。

当時、両替担当だったぼくは店長から「彼女を銀行まで送って行け」という重責を任命されており、パチンコ屋から銀行までの徒歩10分、警棒もカラーボールも持たず、丸腰で大量の現金を抱えたまま送り届けていたのだ。

　店長曰く――「心配しなくても大丈夫だ。強盗に襲われたら金を差し出せばいい。金は保険に入っているから大丈夫だ」

　このパチンコ屋で釘調整を教わる事は一切なかったが、「大丈夫だ」の間違った使い方を教わっただけでも人生の収穫である。

　それにしてもこのパチンコ屋……真面目に働けば働くほどいつか本当に強盗に襲われるのではないかという恐怖心に押しつぶされそうになった。

　結局、数カ月で逃げ出してしまったのだが正解である。後に聞いた話によると、ぼくが辞めた後、銀行員を事務所に呼ばずに店長１人で売上金を銀行まで運んでいた時に強盗に襲われたらしい。

　やはりというか、遂に、である。

　ぼくには「黙って金を差し出せ」と言っていた店長が黙って金を差し出さなかったために大怪我をしたらしい。更に後日――このパチンコ屋は二度と強盗に襲われる心配のない事が判明した。店自体が消滅してしまったのである。これで一安心。やれやれだ。

　店長は大金を扱っている上に１人で残っていたりするものだから、他の店員よりも危ない目に遭い易い傾向にあると思う。

とはいえ、残念ながら酷い目に遭うのは店長ばかりではない。

最近は閉店時はもちろんの事、営業中も防犯に力を入れているパチンコ屋が多いと聞く。事務所の扉も従来のような簡易なカギではなく、簡単に開けられないように「数字入力式ロック」に「カードキー」を組み合わせたりと工夫を重ねているようである。

だがその程度で安心しているととんでもない目に遭う事もあるだろう。

客の中には数字を盗み見ている奴もいるだろうし、店員を脅してロック解除させる強盗もいるだろう。ここでは書けない危険な手口で従業員を死に追いやった犯罪者もいる。法の垣根を踏み越えた奴がその気になれば出来ないことはないのである。

パチンコ屋で働いている店長や店員を見るたびに、「パチンコ屋で働く事が怖くないのだろうか？」と思う。他より時給が高くても、いやそもそも店長の給料は他業種よりすこぶる多いとはいえない現状で、「命は金で買えない」という事実を被害者になってから気が付かないように祈るばかりである。

第４章 痛すぎるパチンコ屋の実情

1　店長流血事件

パチンコ屋で働いていると、日常生活ではなかなか起こりえないであろう痛い話を耳にしたり目にすることがある。

「血湧き肉躍る」などと言うが、パチンコ屋では「血まみれ店長、肉はじける」肉体的痛みを伴う事件に遭遇することも少なくない。

パチンコ店長の〈痛い事件〉はブロック塀に押しつぶされた店長の他にも、サイドブレーキを引き忘れて自分の車に轢き殺されそうになった店長、店内ポスター貼りの最中に脚立の2段目から落ちて骨折した店長、釘調整ではなく自分の指をハンマーで調整した店長、深夜に駐車場を走り回っていた中型犬に手を噛まれて深手を負った店長など、思い出せば思い出すほど「これらは全て事故に見せかけた客の呪いなのか?」と背筋に冷たいものが流れてくる事件が多いのである。

そのような血も凍る事件の中から「これは痛すぎではありませんか」と言う1本、五井店長事件を紹介したい。

（注）残酷描写の苦手な方、食事中の方は要注意である。

パチンコ台に玉を送る装置を「玉還元機」もしくは「補給装置」と言う。還元機は「全島一括方式」と「独立島方式」に分かれ、最近は島ごとに還元機を設置しているケースが多い。

とある店で勤務していた時の話である。昼過ぎに客から「玉が出ない」という苦情を受けた。台の上部ランプを確認すると補給玉切れを表示するランプが点灯している。島上部の幕板を開けて確認すると補給用の玉が全然流れていない。これは緊急事態である。

この店では客の打った玉をホールの１カ所（地下の玉場と呼ばれる場所）に一度集め、玉を磨きながらベルトコンベアで天井裏に送り、天井裏から滑り台を玉が転がり落ちる要領で各島に流れて補給される〈全島一括システム〉を採用していたのだ。

島単位で設置されているいわゆる〈独立島〉はトラブルが起こってもその島だけで済むが、すべての玉を１カ所に集めるシステムの場合、トラブルが起こると「全島全台一斉に玉が出ない」という最悪の状況になる。

この時も気が付いた時にはすでに各島の補給玉がゼロの状態で、ホールのあちこちから「玉が出ねぇぞ！」という苦情と呼び出しランプが殺到し始めたのである。

悪い事は重なるもので丁度この時間は店員たちが昼の食事休憩を取り始めたばかりであり、ホールは2名、フロント1名で300人近い客の対応をしていたのだ。

店内マイクで「只今、機械トラブルの対応中です。今しばらくお待ちくださいい！」と放送を繰り返したが、「1分1秒は貴重な時間、ぼくは24時間ヒマだけど」という客の対応にてんてこ舞い。

フロントから緊急呼び出しを受けた店長がワイシャツ姿のまま天井裏に上がり、「俺がベルトコンベアを手で引っ張って回すから何とか修理しろ！」とぼくに指示した。

コンベアが停止した原因を調べずに、力技で強引にベルトを動かして玉を送るという店長の発言に、「それは危険なのでやめたほうがいいですよ」と忠告したが「このままじゃ埒があかない。とりあえずコンベアを引っ張りながら玉を送るから阪井は早く原因を調べて修理しろ」と繰り返した。

店長と店員の立場が逆な気もしたが、ぼくがメーカーに原因を問い合わせている間に、店長が汗水流しながら玉を手作業で送る作戦が発動する事となった。

闇雲にメーカーに電話をする前に「この辺りが怪しい」という目星を付けるべく、電源盤のブレーカーを調べてみると還元機用のブレーカーが落ちていた。

落ちた原因がブレーカーの不良なのか、コンベアに異常な負荷がかかって止まったのか、はたまた漏電で止まったのか……何が原因なのかわからない。

どうしたものかと考えていると、連絡を受けた店員たちが昼食の途中でホールに戻ってきた。彼らにホールの対応を任せてメーカーに問い合わせてみたが「一度現場を見てみないと何とも言えない」と呑気な事を言っている。

進展が見込めそうにないので電話を切り、もう一度、ブレーカーを確認に行くと不思議な現象が起こっていた。落ちていたはずのブレーカーがいつの間にか元に戻っているのである。「あれ？」と思いながら天井裏を覗くと店長の姿が見えない。ベルトコンベアは正常に動いているではないか。止まっていたはずの玉が正常に流れ始めたのを確認し、メーカーに「よく分からないけど直りました」と連絡をして一件落着。

しかし、店長はどこへ行ったのだろう？　天井裏から消えた男のミステリーを解明するのも役職者の仕事である。

監視カメラで確認するも、ホールに店長の姿はない。インカムで店員に尋ねても「知りません」と言う。ホールにもいない、事務所にもいないとなると——残っているのは便所である。「お疲れさまでした」の一言をかけようと便所のドアに近づいた時、扉の向こうからこの世のものとは思えない唸り声が聞こえてきた。

「うぐあぁぁああ！」

恐る恐る覗いてみると洗面所に五井店長がいた。

「ぐおおぉぉあああぁぁあああ！」

「店長、なにやってるんですか？」

店長がべそ顔で振り返りながら「ふんぐうぅ」と大きく息を吸い、「いきなり動いたんだぁ！」と言った。

「何が？」

「コンベアがあああぁぁぁ！」

店長の右手を見ると、80年代に流行ったスプラッター映画張りのえげつない状況になっていた。人差し指、中指、薬指がフランクフルト大に膨れ上がり、それぞれの指にくっ付いていたはずの爪が3月の卒業を待たずにどこか遠くへ旅立っていた。

店長はありえない方向に曲がっている指を見ながら「きゃあああぁぁあ！」と叫び、左手に握った白いボトルに入っている何かを振りかけた。よく見るとそれはセル盤磨きに使う工業用アルコールである。消毒のつもりなのだろう。

「いたいいぃいいいい、うぎゃあああぁ！」

ありえない太さの指が赤色から紫色に変色し、フランクフルトからアメリカンドッグ並みにぷくーーっと膨らんだ。

「ぎゃあああ!!」

劇画調の顔で叫ぶ店長の顔と指を交互に見ながら、これは確実に３本は折れているねと冷静に分析。冷静に吐きそうになった。見れば見るほど不気味な指である。巨大なハンマーを力任せに指先に叩き落としたらあのような指になるんだろうね。

店長の指がぁ、元気になった息子以上に膨らんだ、ああ、膨らんだぁ♪と、心の中でオリジナルの歌を唄いながら痛い現実の直視を拒んでいたが、徐々にすっぱいものが込み上げてきた。そろそろぼくも限界である。

乳歯のようにグラグラしている残りの爪を「……これももうだめだ、取っちゃうぞ」とブツブツ言いながら引きちぎろうとしている店長に「とりあえず病院へ行きましょう」と進言。

「……大丈夫……大丈夫……」

一休さんのように「大丈夫」を繰り返しつつも顔面蒼白、全然大丈夫じゃない状態の店長を車に押し込んで総合病院に連れて行くと、人差し指、中指、薬指の３本が複雑骨折、引き千切れる寸前だったという。

「二度とハンマーが握れなくなるのでは……」とぼくも本人も心配したが、数カ月で回復するらしい。何はともあれ、爪は吹っ飛んだが指がふっ飛ばなかったのは儲けもんであろう。

爪はいつの日か生えてくるが、指は生えてこない。パチンコで使った金はまた稼げばいいが、使った時間は戻ってこない。それと同じである。違うか。

結局——なぜブレーカーが落ち、落ちたブレーカーが元に戻っていたのかは未だに謎である。パチンコ屋は謎の多い職場なのである——というオチにしたいのだが、それではブレーカーならぬ、ハートブレイカーの五井店長は納得できないだろう。

だがしかし今さらパチンコ屋に「納得」を求めても仕方あるまい。従業員のみならず、客も含めてパチンコに関わる多くの人が色んな意味で納得できない状況に納得しながらパチンコ屋に群れているのだ。店長だけが例外ではないのである。違うか。

参考までに指の値段をネットで調べてみると、1番価値のあるのは「親指」らしい。保険の等級表から換算すると価値比率は小指、薬指、中指、人差し指、親指で、1、1、1、2、3の割合らしい。障害等級から計算すると小指、薬指、中指が83万円、人差し指が166万円、親指で250万円だという。

五井店長は一歩間違うと人差し指、中指、薬指の3本を吹っ飛ばしていた。金額にして332万円である。この金額が安いのか高いのかは知らないし、五井店長が労災扱いだったのかも疑問？　である。

結局——納得できない事に納得しながら生きる。これがパチンコ屋で学んだあまり意味のない生き方である。合掌。

2　遵法精神欠如の現場

パチンコ屋には、「痛い思いをしている人」がいる一方で、「痛い人」というのもたくさんいる。

パチンコ屋にはパチンコ屋の法というか、ルールがある。自らには甘く、客には厳しくルールを守らせるのがパチンコ屋の基本の構えである。

以下は某市のパチンコ屋『なまら会館』の痛い人についての話である。

なまら会館はなまらルールに厳しく、なまら玉を出さないパチンコ屋である。ちなみに「なまら」というのは北海道弁で「とても」という意味である。

その日もなまら会館の常連客は「痛い人」であるホール主任の山口と「台を叩かないでください！」「ちょっと叩いただけだろ！」という非常につまらないバトルを朝っぱらから展開していた。

強い口調で注意を繰り返す山口主任は、常連客から「なまら面倒くさい男」として煙たがられていた。

この主任、バカか利口かわからない『赤き血のイレブン』の玉井真吾のような男で、一般客はもちろん、暴力を好む集団に対しても臆することなく注意できる希少な存在である。

単なる怖い物知らずなだけという噂もあるが、バカとハサミは使いようのバカの部分を店長に高く評価されて主任になったのである。しかし店長には使い勝手のいい男でも客の評価はすこぶる悪い。

「あの主任を何とかしてくれ」と泣きついてくる客や「こいつが辞めたらまた来るよ」と言い残して去った客もいる。

客のみならず一般店員にまで「茶髪の茶色が目立つ！」「ピアスは禁止！」「ネクタイが曲がっている！」「付け爪は認めない！」など、ちょっとした身だしなみにまでイチャモンをつけてくるので、気の短い店員や女性店員との相性もすこぶる悪く「いいだろ、これぐらい！」と不毛な戦いを繰り返す日々であった。

山口主任が誰と揉めようと「どーでもいいや」という無関心中立立場のぼくは、「阪井さんは他のボンクラとはちょいと違うね」などという主任の好意的な感情を利用し、時として腹ぺこ野郎を演じてタダ飯をごちそうになったり、貧乏人を演じてタバコをくすねていたりしていた。

ある日の事である。主任自慢の愛車に乗る機会があった。主任の車を初めて見た感想を一言だけ言うと「きったねぇ車」である。

リアガラスに有名邦楽ロック歌手のステッカーをべったりと貼り付けた紫色の軽ワンボックス。

泥靴のまま乗り込もうとすると「だめだめ、土足厳禁！」という厳しいお言葉をいただいた。それが山口ルールである。

そして走り始めてすぐに異常に気がついた。この車――制限速度が30キロなら30キロぴったり、50キロなら50キロぴったりで走るのである。制限速度厳守も山口ルールなのだ。のろのろ運転で後続車からあおられても屁の河童――これも山口ルールである。

主任が運転するポンコツカーの恐怖は他の従業員にも知れ渡っていた。

「追い抜きざまに『殺すぞ！』と言われたよ」

「ずっと、クラクションを鳴らされっぱなし」

話を聞いていた従業員が意味深な一言を言った。

「あの人、運転免許証、持っているのかな？」

ある昼下がりの事である。

妻とドライブしていると、遥か遠くの方に山口ポンコツカーがちらりと見えた。

「あれが噂のスーパーカーだよ」

「なんか気持ち悪い車だね」

田舎の一本道をのろのろ運転する山口カーとの遭遇は極力避けたい状況だが、制限速度プラスアルファという普通の速さで走っていたぼくはあっという間に追いついてしまった。

前方の信号が黄色から赤に変わり、前をのろのろ走っている主任の車も赤信号で停まるのだろうと思いきや、何とスーパーカーは信号を無視して交差点に突入し、左から直進してきたセダンの横っ腹にノーブレーキで突っ込んだ。

ぼくは関わりたくない一心で他人のふりをして通過する事にした。

大破している2台の脇を「くわばら、くわばら」とつぶやきながら通り過ぎる時、すごい形相で降りてきた若い女性と、青白い顔でハンドルにしがみついている主任の顔が見えた。

主任の口が「阪井さん、助けて」と動いたように見えたが目の錯覚だろう。

視線を前方に移し、深くアクセルを踏み込んで事故現場から緊急離脱。そのまましばらく走り、再び赤信号で停車した。

何気なくバックミラーを見ると、フロントガラスを蜘蛛の巣状に派手にデコし、バンパーが大きく傾いて落下寸前の紫色の車がぼくの真後ろにぴったりくっついていた。

「ねえ、後ろの車ってさっきの車じゃないの？」

最も気になる部分を妻が指摘した。

重苦しい雰囲気の中、信号が青に変わった瞬間、思い切りアクセルを踏み込んで走り出すとスーパーカーは影のようにぴたりと追走してくる。制限速度厳守宣言はどこへやら。事故車に追いかけ回されるという悪夢から逃れるために家の駐車場に飛び込んだ瞬間、主任が車の窓を開けて叫んだ。

「阪井さん、逃げちゃだめだよ！」

「逃げちゃだめだって……ぼくは全然関係ないじゃないですか」

そこへパンクしたタイヤを派手に鳴らしながら被害者の車が現れた。

「逃げるんじゃねえ、この野郎!!」

被害者の女性は北斗晶のような口調で主任に迫った。

「てめえからぶつかってきたくせに逃げ出しやがって。ぜったいに許さねえぞ!!」

女性はハンドルにしがみ付いている主任の首を絞めながらぼくに向かって叫んだ。

「警察を呼んでくれー!!」

10分後——主任はいろんな人からいろんな意味で許してもらえなかった。

翌日、店長が朝礼で「主任を解雇した」旨の報告を行った。解雇の理由は「無免許で当て逃げしたから」である。パチンコ屋は警察沙汰を嫌うのである。

やっぱり主任が速度厳守を心がけていたのは速度違反で警察に捕まったら無免許運転がばれてしまうからだった。ホールではルール厳守の日々を過ごしていたが、実生活ではルール無用の痛い人生を送っていた男の話である。

後日、店長から「車通勤している者は全員、免許証のコピーと任意保険のコピーの提出をしろ」と命じられた。

しかしそこでまた新たな問題が発生。主任以外にも免停中の者が車で通勤していたという事実が発覚したのである。店長の怒鳴り声が事務所に響いた。

「どいつもこいつも……ここは無法者の集まりか!?」

捨て台詞を残して釘調整に出撃する店長。この時代、釘調整について世間から「違法行為」と騒がれてはいなかったものの、ぼくは心の底では「釘を勝手にいじっていいのかなぁ」と思っていた。

違法では？　と思っていたが換金行為と同様のレベルで「警察に捕まるわけじゃなし」という感覚だったのであろう。

まあ、一介のパチンコ店員がどうこう言える立場ではないのでどうでもいいが、法を無視して自由に営業している男の背中を眺めつつ、入店して3カ月が過ぎた頃――店長に個人的に気になっている事を尋ねてみた。

「入社して3カ月が過ぎましたが、健康保険証も年金手帳もいまだに貰っていないんですけど……」

完全確率といわれる遊技台に完全確率を阻害することになるモーニングをぴこぴこセットしていた店長が言った。

「保険や年金の話は俺に言われてもわからない。面接した部長に聞け」

部長に電話すると「社員の年金も保険も希望者だけ加入させている」と言う。希望者だけ加入とは意外な回答である。いいのか、それで。

「どうしてもと言うなら厚生年金、社会保険に入ることもできるけど、給料は大幅に下がるよ」というのが部長の言い分である。「パチンコ屋は入ってもすぐに辞める奴が多いので希望者限定にしている」とも言っていたが、法律的にその言い訳が通るとは思えない。このパチンコ屋自体が「痛い店」だったわけである。

ちなみにこのパチンコ屋には雇用保険もない。あるのかも知れないが、ぼくは知らない。貰っていないからだ。

求人広告には雇用保険、厚生年金、社会保険完備と書いてある。賞与もあるし、昇給もある、社員旅行も「楽しいよ♪」と写真付きで求人情報誌に掲載されている。

しかし夢と希望に溢れるパチンコ屋に入店した後で保険を含めた福利厚生は「希望者だけ」

と言い出すのだから出玉なしの大当たりと同じ感覚、「なんだかなぁ」である。こうなると社員旅行の写真もヤラセの匂いがぷんぷん漂ってくる。

結局、このパチンコ屋は4カ月もたずに辞める事にした。在籍していた4カ月間、無保険、無年金である。非常に腹立たしいがこれもまたパチンコ屋の現実というものだ。

このパチンコチェーン店は現在も某市で元気に営業中である。店名も建屋もリニューアルされて面影もなく変わっているが、経営陣は当時と変わらないはずである。

あまり詳しく書くと特定されるのでこの辺りで止めておくが、このチェーン店の管理職とたまたま話をする機会があったので「福利厚生は改善されたのかどうか」尋ねてみた。

「当時はどこのパチンコ屋も阪井さんの言う通り、いろんな意味で無法だったと思います。社員募集と言いながら採用する際に雇用契約書の1枚も交わさず、口約束だけです。実態は社員ではなくただのアルバイト。明日来るかどうかも分からない、突然『辞める』と言い出す人も多かったから国民健康保険、国民年金に各々加入というのが当たり前でしたね。その辺りが店側の努力で改善されたのかという話については微妙でしょうね。

結果だけを言えば、現在、当社の〈社員〉は全員雇用契約書を交わして保険、年金に加入しています。ですから阪井さんの時代よりは嘘や誤魔化しは少なくなっていると思います。

ただし、社員の数も極端に少なくなりました。ほとんど契約社員かアルバイトです。その辺りを含めて店的に改善といえば改善なんですかね、ははは」

話を聞けば聞くほど肝心の「根っこ」が変わっていないような気がするのだが……ぼくの気のせいだろうか？　グレーと呼ばれるパチンコ業界に遵法精神が根付くのは、まだまだ時間がかかりそうである。

3　パチンコ依存という病気

パチンコが庶民の娯楽と呼ばれていた昭和の時代、当時の客は100円玉をテーブルに山積みしながら打っていた。

その後100円で遊べるというスタンスは変わらないものの500円玉が主流になり、CR機が登場すると3000円のカードで遊ぶのが主流になった（パッキーカードには1000円、3000円、5000円、1万円のカードがあり、ほとんどの客が3000円のカードを1枚、2枚と買い足しながら打っていた。当時は3000円という金額がパチンコを打つ時の「とりあえず……」という金額だったのだろう）。

カードシステムが偽造カードの台頭により破綻した後は、1000円、5000円、1万円の紙幣が直接使えるサンドが主流になり、最近は1000円札をチマチマ投入して遊ぶ客よりも1万円札をぶち込む客が圧倒的に増えた。

つまり初期投資の金額がカード時代の3倍以上になっているということだ。このことが現在のパチンコに大きな影を落としている。

パチンコ業界を辞めてから数カ所の職場を転々としたが、どこの職場にも1人や2人パチンコ好きのおっさんがいて、彼らは「勝った、負けた」というとりとめのない話を飽きもせず繰り返している。

自爆しているパチンコ好きにとやかく言うつもりはないが、他人を巻き込むパチンコ好きには一言物申したくなる時がある。

とある職場に中川（仮名）という妻と子ども（高校生）を持つ50代の男がいた。ある日、中川が薄い頭頂部を指先でコリコリ掻きながら言った。

「あっと言う間に１００万円ですよ！」

勝った話ではない。パチンコで負けた話である。

「半年かからずにカードの限度額いっぱいまでパチンコに使ってしまいました」

この男、つい先日まで「パチンコは面白い」「給料が少ない分はパチンコで稼ぎましょう」「大きく勝てるんですよ」などと周囲に吹いていたトンデモない男である。

心ある同僚からは「ほら貝」と呼ばれていたが、社会経験の乏しい兄ちゃん達は中川のことを「パチンコのセミプロ」だと本気で信じていたようである。

ぼくがパチンコ店員だったという過去を知らない中川は、「出る店を知っているのでノリ打ちしませんか?」などと猫なで声で話しかけてきた事がある。掃いて捨てるほど世の中に存在する〈自称パチプロの実はしょぼい話〉には心の底から吐き気を催しているので「結構です！」と断ったが、スケベ話に乗っかった従業員数人が「小遣いが減ったじゃねぇか！」とべそ顔になって中川を責めていたのを見た事がある。

中川の言い訳曰く――「勝つこともあれば、負けることもあります！」

勝ってナンボのプロの世界にあるまじき発言を繰り返す男。彼の好きな言葉が「確率はいつか収束する」である。その「いつか」が来る前に中川がぼくに告白した言葉が「100万円の負け」である。

秘密にしておきたい自らの恥を彼が告白したのには理由がある。ぼくの履歴書を勝手に見てパチンコ屋の管理職をしていた事実を知ったからだ。

元店員に「パチンコで食えるでしょ？　食ってる人もいるよね？　食ってる人を見ましたか？」と、最後まで夢を見続ける後押しが欲しかったのだろう。哀れな男である。

「阪井さん、パチンコで最後に一発逆転できないでしょうか？」

「無理だって！」

「……ですよね、もうカードで金を下ろせなくなりました。しかも妻に借金がバレて離婚の危機です。最後の1万円札がサンドに消えていく時の気持ち、あなたにわかりますか？」

「わからんわ！」

中川はカードで下ろせる金は「自分の金」だという幻覚症状を起こしていたらしい。サンドに1万円札を紙切れのように突っ込みながら、自分は金持ちで「100万のうちの数万負けてもどうって事ない」という感覚。そして100万円は減り続けているが「まだ、これだけ残っているから大丈夫」という根拠のない自信、大きく負けても時々大きく勝つので「また勝っちゃった」という嘘の勝利感に熱い演出のドキドキ感が加われば、あーーーー、もう、パチンコ最高！　パチンコ、楽しい。

改めて言うまでもなく、病気である。勝った、勝ったとはしゃぎつつ、借金を重ねていた事実はすぐに奥さんにバレ、「離婚を選ぶか、アルバイトで借金を返済するか、どちらか選べ！」と厳しい口調で迫られたらしい。

「阪井さん、私、どうしたらいいんですかね？」

「アルバイトして返すしかないでしょ！」

結局、中川は本業の他に休日返上でガソリンスタンドに勤務しながら借金を返す日々である。

中途半端なヒマ、中途半端に持っている小金、そして無趣味、この3つがパチンコへののめり込ませる3大要素だとぼくは思っている。

パチンコで作った借金は他人の倍働いて返済し、他人の倍働くことでパチンコを打つヒマもなくなる。無趣味だと言うなら仕事を趣味にすればいいのだ。

先日、数年ぶりに中川のバイトするスタンドに寄ってみた。

あれから3年以上が過ぎている。彼がまだ真面目にバイトをしていれば1カ月のアルバイト代が月5万円として1年で60万円、3年もバイトをすれば100万円の借金など返済できているはずである。

突然訪問したぼくを見て中川が事務所から飛んで来た。どうやら真面目に勤務しているようである。やれやれだ。

「借金は完済できたかい？」

中川は禿げ頭を指先でこりこり掻きながら答えた。

「全然、借金が減らないんですよ」

「ええ！　なんで？」

「阪井さん、知ってますか？　今は1円パチンコっていうのがあるんですよ。昨日は高校を卒業した息子と行ってきたんです」

死語だが「ぎゃふん！」である。

４　お子さま放置事件

今年（２０１４年）も炎天下の車内に子どもを放置して熱中症で死亡させるという痛ましい事件が発生した。

事件が起こるたびに「パチンコは悪！」「しっかりせい！」という話になるが、全ての問題をパチンコ屋のせいにするのはどうだろう。

元店員のぼくが言っても説得力に欠けるが、車内放置、パチンコ依存、借金などのパチンコ問題の根底にあるのは個人の資質というか、「客もしっかりせいよ」という事だと思う。

パチンコ屋はろくでもないギャンブル場である。それを認めた上で、なぜろくでもないパチンコ屋に子どもを連れて来る親がいるのかぼくには理解できない。客にも問題があるのではないだろうか。

昔、勤務していたチェーン店の話である。毎日小さな子どもを連れてパチンコ屋に来る30代の女性がいた。現在は18歳未満の、特に子どもの店内入場は厳しくお断りなのだが、昔は小さな子どもを連れて入場しても黙認されていた。

ぼく自身は子連れ客に対して良いとか悪いとかいう特別な感情はなかったが、幼い子どもが客の落とした玉を拾っていたり、他の客に迷惑をかけるような行動をしたり、泣き叫んでうるさい時はさすがに一言言わなければならない。そんなときは「連れて帰ってくれ」とお願いするのだが、「小さな子どもがいる親はパチンコ屋で遊んじゃ駄目なのか！」と逆ギレされた事もある。

中には素直に「ごめんなさいね」と言う親もいるがキレる親も少なくないのだ。そういう時に「客にも問題があるのでは」と思うのである。

別の店の話だが、30代後半で夫婦で働いているパチンコ店員がいた。

その夫婦には当時5歳ぐらいの小さな女の子がいたのだが、夫婦別番の勤務ではなく、同じシフトで働いていたために親の勤務中、子どもは1人で放置されていた。

放置というのは社員寮に置き去りという意味ではなく、パチンコ屋の駐車場で放し飼いという意味である。

幼い子どもがパチンコ屋の駐車場で、チョークを片手に地べたにいたずら書きをして遊んでいる姿は正直言って痛々しい。車内放置ではないので熱中症による死亡事故には至らないだろうが、客の車に轢かれたり、連れ去られる可能性が無いとは言えまい。

他人事だからあれこれ言うのはやめておいたが、夫婦別々の勤務にして子どもの面倒を見るぐらいの融通をきかせる事はできたのではないかと思う。

親も親なら、この店の管理職も管理職である。「何とかしてやれよ」と思うのだが、いろんな面で意識が低い人の集まりだったのだろう。ちなみにこの店は個人店ではない。

さらに別の店の話である。3店舗展開している某店に勤務していた時の話だが、店の向かいのマンションに20代の若い夫婦が住んでいた。この夫婦はパチンコ大好きで、幼い2人の子どもをマンションに閉じ込めたまま、朝から晩まで毎日パチンコを打ちに来ていた。

この夫婦が何の仕事をしていたのか、無職なのか、生活保護受給者なのかは知らないが、毎日、毎日、朝から晩までパチンコ屋に入り浸っているのである。そして21時を過ぎた辺りになると子どもがベランダから大声で泣き出すのだ。

「ひどい親がいる」と店長に報告すると「見過ごせない」という話になり、夫婦2人と店長を交えた4人で事務所で話し合う事になった。

加山雄三風の店長が言った。

「パチンコ屋へ来るのは子どもの手が離れるまで止めなさい。何か事情があるなら個人的に相談に乗りますが、今後店には出入り禁止です」

店長がエスパー伊東風だったら話も聞いてくれなかったかもしれないが、雄三効果はさすがに絶大と言えよう。若い夫婦2人は店長の発する魅惑的な低音に「わかりました」と泣きながら納得してくれた。

2人の話を聞いてみると、彼ら自身も複雑な家庭環境に育ち、周囲に相談に乗ってくれる大人がいなかったらしい。

ぼくと店長は出入り禁止で終わりにせず、隣人として外で2人の姿を見かけるたびに一声かけるようにした。赤の他人にできる事は限られているが、挨拶できる近所のおじさんがいるというだけでも何かが変わるかもしれない。

その後、ぼくは別のパチンコ屋に移ったが、引っ越す直前まで夫婦はパチンコを打たなかったようである。

パチンコ屋で起こったお子さま事件はきりがないので止めておくが、パチンコ屋自体は敷地内で事件・事故が起こらないように日頃から注意している。

それでも事件・事故は起こってしまう。事件・事故を100パーセント防ぐ事はできないが未然に防ぐ為に駐車場に警備員を常駐させている店もある。

しかし警備員を常駐させる経費を捻出できない店はパチンコ店員に警備員役も押し付ける。

抱え込んだ仕事量があまりに多くて精神的にも肉体的にも崩壊寸前だったぼくは社長に意見した。

「店員はホール専門にして掃除専門の清掃パートと警備員を別に雇ってください」

答えはＮＯである。

「掃除は店員の仕事。警備はホールがヒマな時に店員が行えばいい。これ以上、人件費を増やす事はできない」

結局、指示するのはあなた、やるのはぼく——という話にしかならないが、パチンコ店員はホール業務＋清掃以外に「駐車場の見回り」という余計な仕事を押し付けられ、何か事件が起これば「バカヤロー」と怒鳴られるばかりである。

あれから十数年——いつの間にかパチンコ屋にも警備員、清掃パートが常駐するようになった。

経費は「社員を減らしてバイトを増やす」という常套手段による捻出である。

ゴマの油のように絞られ、散々忙しい思いをした挙句にパチンコ屋からポイされたぼくは最近の店員は楽でいいなぁ、とシミジミ思うのだが、熱中症で子どもが死亡する事件が毎年起こっているのは「店員が楽して手を抜いている」からだとは思えない。

パチンコ屋を責めたい気持ちはわかるが、小さな子どもをパチンコ屋に連れてくる親に対して「しっかりせいよ！」と声を上げることから始めなければ根本的な解決にならないような気がするのである。

どこかで「パチンコ屋が無くなれば問題解決ではないか！」という声が聞こえるような気もするが、気のせいという事にしておこう。

5　掃除はお前の仕事だろ

パチンコ屋にゴミを捨てていく客は多い。端玉のお菓子、ジュースの空き缶、吸い殻、コンビニの袋に入れたゴミなどは可愛いもので、不法投棄の上級者になると蛍光灯、大量のエロ本、古ストーブ、古タイヤにバッテリー、冷蔵庫や洗濯機を捨てていく輩もいる。

某店長に聞いた話だが、早朝出勤すると近所から逃げ出してきたと思しき大型犬が〈人型の何か〉をくわえて駐車場を走り回っていた。

「死体か!?」と思ってよく見ると、それはビニール製のダッチワイフだった。

店長は石を投げつけて大型犬を撃退。口をO型に開いて微笑んでいるワイフを片付けながら、Hグッズのポイ捨ては勘弁してもらいたい……と思ったらしい。

ぼく自身も似たような経験がある。深夜――閉店後に帰宅する際、愛車の後ろの側溝を何気なく見ると泥だらけで目をカッと見開いている女性の生首が落ちていた。よく見るとマネキンの頭部だったのだが深夜という事もあり、心の底から怖かった。映画『悪魔のいけにえ』のワンシーンを思い出した出来事である。

めて言っておく。

パチンコ客の中にはパチ屋の駐車場をゴミ集積場と勘違いしている方もいるようなので改

パチンコ屋は一部でクズの集まりと呼ばれているが、だからといってゴミクズを不法投棄して良い場所ではない。不要なゴミはゴミ箱へ、不要なお金は台間サンドに投入していただきたい。

ちなみに不法投棄されたゴミは、パチンコ営業で日々発生する大量の廃棄物と共に契約業者に有料で引き取ってもらっている。お金の出所は突き詰めると「客の財布から」という事は言うまでもない。

ゴミの話で思い出したが、昔、千葉の某店で働いていた時である。

この店は非常にマナーの悪い客の溜まり場だった。特に負けが込んでいる常連客が最悪で、ある日、１人の中年常連客がホール責任者のぼくを捕まえてひとしきり「出ねぇにも程があるぞ！」と文句を言った後、中身入りの缶コーヒーを床に置いて蹴とばした。通路はびしょ濡れ、ぼくのズボンにもバチャッと音を立てて中身が飛び散った。

「これはないでしょ！」

ぼくが訴えると逆ギレした客が「お前も千葉に住んでいるならわかるだろ！　ディズニー

ランドは客がごみを捨ててもきれいに掃除するじゃねぇか。それがアミューズメントだろ！　パチンコ屋が遊技場だというなら、汚れを見つけたら店員が綺麗に掃除して客を気持ち良く遊ばせろ！　違うか！」

説得力がありそうでなさそうなご意見というか、負けて頭に来ているはずなのに妙に口が回るオヤジの物言いと迫力に気押されてしまった。

「ディズニー、ディズニー」と周囲に猛アピールするオヤジは大きく息を吸い込んで床のコーヒー溜りとぼくを指さし「お、ま、え、の、し、ご、と！」大きな声で1字1字を噛み締めるように言った。

ぼくは空き缶を拾いながら、「お客さんに言われなくても掃除はしますけど、故意に店内を汚すのはやめてください」と言った。

オヤジは目を細め、ぎゅっと拳を握り締めながら大きな声で言った。

「お、ま、え、の、し、ご、とッ!!」

帰り際にオヤジは「けぇえ！」と叫びながら出て行ったが、叫び声の意味は分からない。

閉店後、店長に事の顛末を報告すると「大変だったね」ではなく「掃除するのがお前らの仕事だろ！」と言われた。

「文句を言わずに掃除せぃ!!」店長の厳しいお言葉を聞きながら「てめぇは大した仕事もし

ねぇくせに、鬼か！」と心の中で毒づいた。

今では店員がホールの清掃をする事もなく、掃除専門のパートを雇っている店がほとんどである。そういう意味ではパチンコ店員の仕事は汚れ作業が少なくなった。店員が楽になった分、大変になったのは清掃専門のパートであろう。

先日、某店の掃除のおばちゃんと話をする機会があり「パチンコ屋の掃除は大変でしょ」と尋ねてみた。

おばちゃんは「外（駐車場）よりも中（便所）がひどい」とべそ顔で訴えた。おばちゃんの口からは人としての道を踏み外したパチ客という名の外道が繰り広げる悪行の数々が語られた。

毎日必ずヤラれるのが玉やコインの便器への投棄。そしてオーバーおしっこ。次いでオーバーう○こ。ちなみにこの3点は男子便所のみならず、女子便所でも日常的に行われている「三点方式問題」らしい。

汚れではないが、ウォシュレットのボタンを破壊する輩やウォシュレット本体の破壊、コードの切断、コンセントに向けて放尿する人間犬もいるという。いやはや、なんともだ。

おばちゃんの話を聞きながら「大変な仕事だね」と同情する反面、もう少しで「掃除がお前の仕事だろ！」と言いそうになった自分自身にゾッとした。人の心には鬼が潜んでいるのだ。

最後にもう1つ。某店長から極めつけの経験を聞かせていただいた。

（注）お食事中の方、汚い話が苦手な方はご注意ください。あなたの心に取り返しのつかない傷をつける場合があります。

とあるパチンコ屋、夏の日の昼下がりの話である。客から「便所から変な臭いがする」という苦情が届いた。

当時、まだ使い捨て店員だった某店長が（またか……）とウンザリしながら「すぐに掃除しますね」と伝えると「違うんだよ、魚河岸のゴミ箱の臭いがするんだよ」と言う。

意味が分からずに客と一緒に見に行くと、確かに1番奥の個室から異様な臭いが漂っている。その臭いはう○この臭いでも、しょんべんの臭いでもなく、トリメチルアミンの臭いである。トリメチルアミンとは、魚臭さの要因となる物質である。

某店長は臭いの元となる原因を探し求めて個室内を犬のように嗅ぎ回り、「排水タンクの中に答えがある」事を突き止めた。

今はタンクレスの大便器が多いが、当時は排水用のタンクが便器の後ろに付いているタイプがほとんどであった。このタンクの中にトイレットペーパーを突っ込んだり、給水停止用のフロートスイッチを曲げて水を流しっぱなしにするなどの悪戯をする奴が多かったのである。

以下――人として細かい描写は避けたいと思うが、タンクの蓋を開けてみると、どす黒く変色して腐敗した「数杯分のイカの臓物がゲソと頭部付の状態」で放り込まれていた。

客がタンクの水を流すたびに臓物がトイレの水と混ざり合い、渾然一体となって吐き気を催す芳香を漂わせていたのである。悪魔の所業だ。人の心には鬼だけではなく悪魔も潜んでいるのだ。

某店長はゴム手袋を付け、「おえぇっ」「ぐえぇ」とえずきながら汚物の処理をしたらしい。

「阪井さん……手袋をしていたとはいえあの臭い……ドロドロになったあんなモノを処理するぐらいなら、う○こなどどうって事ないですよ」

某店長はあれ以来、魚介類が苦手になったという。

「もうね、匂いがダメです、タンクの中の映像を思い出しちゃって……犯人が私に与えたダメージは大きいですよ」

この件が引き金になったのかどうかは知らないが、某店長は強い口調で言った。

「当店では不法投棄の現場を見つけたら犯人を捕まえて警察に突き出します！」

「実際に通報したことはあるの？」と尋ねると、「まだない」と残念そうな表情で言った。その横顔に不法投棄に日々悩まされている男の妙な「やる気」を感じた。

悪意を持ってパチンコ屋にゴミを捨てる客へ言っておきたい。たとえ負けた腹いせであっても滅多なことはしないほうがいい。

不法投棄は廃棄物処理法によって禁止されている。同法に定められた処分場以外の場所にゴミを投棄した場合、５年以下の懲役、もしくは１０００万円以下の罰金、又はこれの併科うんぬんということになっている。実情としては、警察に事情聴取を受けた後、20〜30万程度の罰金を取られることが多いようである。

パチンコに負けてカッと血が上ったからといってゴミを不法投棄すると「ほんの出来心で……」では済まないことになるのだ。

6　駐車場で見ちゃったよ①

不法投棄以外にも、パチンコ屋の駐車場で起こる事件や事故は少なくない。

特に多いのが自動車事件や事故である。

某店で勤務していた時の話である。初老の常連男性客が薄笑いを浮かべながらぼくの肩をポンと叩いて言った。

「……お兄ちゃん、車をぶつけちゃったよ」

基本的に駐車場内の自爆は自己責任、事故は客同士の話し合いである。「ぶつけちゃった」という言い方なので今回は自爆ではなく、事故を起こしたという事であろう。

一緒に現場を見に行くと、駐車場の中ほどに止まっている1台の車を発見。運転手側のバンパーが酷い状態だった。

「これがお客さんの車ですか?」

彼は首を横に振りながら駐車場の遙か向こう側を指さして言った。

「わしのは、あっち」

言われた方を見るとその車は、車体の前部、助手席側のドア、後部を派手にぶつけて側溝に頭から突っ込んだ形で停車していた。

こりゃ、ひでーや、と思いながら周囲をもう一度確認すると、運転席の前部が大破した車両が2台、助手席側の前部が大破した車両が1台、運転席側のドアが大きくへこんでいる車両が1台、前部バンパーが外れて地面に落ちている車が1台、老人の車を含めて6台が大破していた。その中には、この店の店長が使用している新車の高級外車も含まれていた。

老人は可愛らしい口調で「ブレーキとアクセルを間違えちゃった」と、何度も繰り返す。

現場にくっきりと残されているタイヤ跡から推察するに——車を発進させる時に隣に停まっていた車の運転手側に自分の助手席側をぶつけたまま走行、ハンドルを取られて数台先に停めていた車に正面衝突、あわててバックして別の車に衝突、さらに別の車のドア横にも衝突した後、無理に出ようとして更に1台を巻き込みコントロール不能に陥って側溝で停止——という感じではないだろうか。

「気が動転してさぁ」と薄笑いを浮かべながら言う老人は時折「あ～あ」と他人事のようにため息をついた。呑気に笑っているどころじゃないだろうと思ったが、人身事故じゃなかっただけでも儲けものである。

老人を駐車場に待機させ、犠牲になった車のナンバーを控えてホールへ戻ってマイクで呼び出しを行う。その後、店長に直接電話をして「あなたの車が大変ですよ」と伝えておいた。

マイク放送で現れた4人の常連客と店長は現場を見て「なんじゃ、こりゃ」と唖然としていた。しかし起こってしまった事故についてとやかく言ってもしょうがない。問題はこれからどうするかである。

幸いにも常連客の車は地方のパチ客の多数が愛用している日本が誇るスーパーカー「軽自動車」&「軽トラ」であった。しかもポンコツ仕様という素敵なオプション付である。

他人のぼくが言うのもなんだが「走る鉄の棺桶」と呼んでもいいレベルの車ばかりだったのが救いといえば救いだろう。

その中で唯一、常連客から「これはひでーな」と同情を誘っている車があった。店長の車である。

店長は納車されてまだ3日目の白い高級車がボコボコになっている現実を見て「うぐううう」と、餅を喉に詰まらせて窒息寸前の老人のような声を出した。ちなみにこの車、価格は1000万円と聞いているがぼくにはどうでもいい情報である。

大破した高級車が店長の持ち物と聞いた常連客は「ほう」とため息をつき、老人の暴走行為を「しょうがねえな」と笑いながら許した。「相手が爺さんじゃなぁ」という諦めモードに加え、1000万円の鉄くずに比べればスクラップになった軽など「まあ、いいか」という感じなのであろう。

その後、警察も交えて話し合いが進み、老人が保険で何とかするという事で話は終わった。その間、店長の口から出てきたのは怒りの言葉でも、悲しみの言葉でもなく、ただ「ふひゅうう」という意味不明の息遣いだけである。

加害者の老人は被害者全員に形式的に「すいませんねえ」と謝罪した。こう言ってはなんだが非常に軽い口調である。「ごきげんよう」レベルの軽い謝罪に店長は過呼吸を起こし「おふぅうぅぅ」と唸った。


老人の暴走行為とはまったく関係ないが、とあるパチンコ屋の話である。

ある日、店の出入り口付近で若いカップルが大きな声で喧嘩している現場に遭遇した。

「あんなクソ台に座って金を使ったおまえがバーカ！」

「コインを全部飲まれたあんたがバーカ!!」

お互いに「バカ」を連発しながら言葉のダーツを投げ合っているカップル。思わず「2人ともバーカ！」と言いながら喧嘩を止めたくなったが、つまらないトラブルに巻き込まれるのは嫌なので遠くから黙って眺めている事にした。

2人はひとしきり罵り合った後、いかにもチンピラ然とした車に乗り込み、派手にタイヤを鳴らし、エンジンを吹かしながら猛スピードで駐車場を駆け抜けて行った。

「危ないなぁ」と思いながら見送っているとそのままノーブレーキで勢いよく大通りに飛び出し、他の車に派手にクラクションを鳴らされながら走り去って行った。

パチンコで負けてイライラしているのはわかるが、非常に危険な行為である。

パチンコを打つと心が壊れる——とは、ある依存者の言葉である。もしもあの車の前に誰かが飛び出したとしたら、間違いなく大事故になっただろう。

パチンコ屋に行く人は、圧倒的多数の客が「負けている」という現実を噛みしめ、たとえ大きく負けたとしても「そりゃそうだよね」と割り切って安全運転する余裕を心掛けていただきたい。


ついでにもう1つ運転者に心掛けていただきたい事がある。車を停車させる時は必ずサイドブレーキを引いていただきたいのだ。

ある日、駐車場を巡回しているとサイドブレーキが引かれていない国産高級車を発見した。サイドブレーキの引き忘れは非常に危険である。特にこのパチンコ屋の駐車場はゆるい下り坂になっており、ノーブレーキだと無人で走り出す可能性があるのだ。

高級車の持ち主が店長だと知っていたので携帯で連絡すると、100メートル6秒の俊足で店長がホールから走ってきた。しかも何か叫んでいる。うるせぇなと思いながら何気なく高級車を見ると、下り坂をゆるゆると動き出しているではないか。慌ててバンパーに手をかけたが人の力で止められるような代物ではない。

店長もすぐに追いついてバンパーに手をかけたが、時すでに遅し！

「バンパーじゃなくて、サイド引かなきゃ！」

ぼくの言葉に店長は「あ、そうか」と間抜けな返事をしながら手を放した。

手を離した瞬間、ぼくは危険を察知して飛びのいたが、逃げ遅れた店長は自分の車に軽く轢かれながら「ああん」と叫んで転倒。無人の車はそのままスピードを出し始めた。

このままでは交通量の多い県道に突っ込んでしまう。

大事故まであと数メートルという手前で奇跡が起こった。

車が左に進路を変え、道路脇の電柱に激突して停車したのだ。危機一髪。大惨事に至る一歩手前であった。

運転者の方はサイドブレーキの引き忘れに十分注意をしていただきたい。平地に見えても坂道だったという事は多いのである。

そして改めて思う。パチンコ店員の車はオンボロ車でいい。もちろん、店長の車も同様である。

7　駐車場で見ちゃったよ②

先ほどパチンコ屋の駐車場で起こる事件や事故は少なくないと書いたが、今回はその中でもぼくが体験した不思議な話である。

秋も深まり大分肌寒くなった頃、閉店間際に駐車場周りを点検していると隣地との境界線の植え込みに、一見して10代の髪の長い少女が横たわっていた。

ギョッとしてよく見ると、少女が着ている服はブレザー風の制服と短いスカート。本物の制服なのかコスプレなのかはわからないが、そのめくれた短いスカートからは白い下着が見えていた。

SFラブコメ的な展開なら「ぼくは見ず知らずの少女を家に連れて帰り、恋に落ちた」という展開になるのだろうが、リアル世界では「なんだか薄気味悪い」という展開になる。

恐る恐る「もしもし」と声をかけてみたが反応がない。もう一度、「もしもし、大丈夫ですかッ！」と声をかけてみると、眉毛がピクリと動いた。

倒れている人間に「大丈夫ですか」もヘッタクレもないモンだが、眉毛が動いたのでよしである。

もう一度「大丈夫ですかぁッ!!」と声をかけると太腿がピクリと動いた。太腿もＯＫである。「パンツも大丈夫ですか?」という言葉が出そうになって咳払い。

少女の下半身に意識を集中すると通行人に強姦魔と勘違いされて１１０番される可能性がある。ここは良識ある大人として下半身には手を触れずにパンチラ部分を大当たり札でガードしながら携帯で助けを呼ぶのが正解だろう。

ホールと１１９番に電話を入れると店員が大慌てで駆け付けて来た。その手にはぼくの指示通りホカホカのおしぼりが大量に握られている。

ぼくは店員からおしぼりを受け取り、チラシ寿司の海苔の要領で少女の下半身にパラパラと散らしてパンチラガードにした。我ながらグッド・アイディアだ。

それを見ていた店員が冷たい目で「フロントでひざ掛けを借りてきますね」という言葉を残して退場。我ながら赤面。

しかし下半身を温かいおしぼりで覆われた少女がぼんやりと意識を取り戻した。

ここはあえて言わせていただくが、ぼくは温かいおしぼりが少女に与える「目覚まし効果」まで計算して行動していたのである。ぼくの事を単なるスケベおやじと勘違いした人がいるならば、それは自らの社会経験のなさを露呈しただけという事であろう。違うか。

とりあえず意識を取り戻した少女に「大丈夫ですか？」と声をかけると無言で頷いた。ほっと一安心。ざっと見た所、目立った外傷もないようである。

ほどなく救急車が到着し、少女は救急隊員の手でタンカに乗せられ何処かへ運ばれて行った。その後少女がどうなったのか。なぜ深夜の駐車場で植え込みに倒れていたのか。パチンコ店員に謎とパンチラを残して少女は消えてしまったのである。


不思議な話をもう1つ。

その日は珍しく関東に大雪が降っていた。雪が降っても豪雨でも、パチンコ客はパチ屋にやって来る。店長は「ありがとう」モード、パチンコ店員は「こんな日にも来るんですか？」と呆れモード。そしていつもは決してパチ屋に姿を現さない社長までが、犬は喜び、庭駆け回り♪という歌の文句じゃないけれど、珍しくやる気を出して「悪天候の中、店の視察に来る」と言い出した。

それを聞いて慌てたのが事務所で猫のように丸くなっていた店長である。

店長は「全員で駐車場の雪かきをしろ！」と休日の店員まで駆り出して指示を出した。

関東人は雪に免疫がない。雪かきするにも雪をかくスコップはおろか長靴さえ足りない状況である。しんしんと雪の降る中、広い駐車場をある者はスコップで、ある者は板切れで、ある者は塵取りで雪をかき出しながら汗を流した。

ほどなく、社長自らが高級外車を運転して店へ到着。汗ひとつ流していない店長が、汗ひとつ流していない社長を温かい事務所へご案内した。

汗だくの店員たちは冷え込んだ外で雪かき続行。結局その日は閉店後も雪が降り続け、休日出勤した従業員以下、妙なやる気を出した社長も道路が大渋滞しているという事で家へ帰る事ができなくなり、全員社員寮に泊まることになったのである。

翌朝――昨日とは打って変わって天気は快晴。

雪は既に止んでいたが、第1発見者のぼくの心にはブリザードが吹き荒れていた。

このパチンコ屋の駐車場の隣は雑木林になっていた。手入れされていない鬱蒼と生い茂った木や草の一部が駐車場にはみ出していたのは知っていたが、雪の重さに耐えられなかった数本の老木が根元からへし折れていた。しかも折れたうちの2本が駐車場の端に停まっていた社長と店長の車を直撃していたのである。

この店では従業員の車はすべて駐車場の隅に止める決まりになっていた。

当然、この日も社長や店長を含め、全員の車が駐車場の隅に並んで停められていたのだ。

笑ってはいけないが誰が被害者になってもおかしくない状況の中、仕組んだように社長と店長の車だけが倒木に直撃される被害に遭っていたのである。

しかも出来過ぎた事に、社長の車を直撃した木をよく見ると根元から大きく左にねじ曲がっている。

まっすぐ成長していたら直撃されたのは他の従業員の車であっただろうに……その日、偶然やって来た社長の高級外車に狙いを定めるように老木は見事な一撃をくらわせたのである。

社長は愛車の無残な姿を見て「……偶然にしてもでき過ぎだな」とクールな大人を演じていた。しかしその目は笑っていなかった。

店長も社長を見習ってクールな大人を演じながら「……ははは」と力なく笑って携帯で愛車の無残な姿を写真に収めていた。

2人を見ながら「ぼくも記念に写真を撮っていいですか?」と尋ねると「バカヤロー」と真剣に怒り出したので「こいつら子どもだね」と心の中で悪態をついておいた。

8　景品交換所の男たち

パチンコ業界に20年在籍していたが、いまだによくわからないのが景品交換所である。景品を納品する業者とは挨拶を交わす程度の仲だったが、交換所の従業員とは顔を合わせる機会がほとんど無く、よくわからないのである。

交換所の営業時間は知っているが勤務している従業員の拘束時間や給料などはまったくわからない。

小さく小汚い小屋の中で蠢いている従業員がどのような生き物なのか。

景品交換の際にチラリと見える「手」だけがそこで働いている生き物を「人間」だと知らしめているだけで、勤務している者が年配者なのか若者なのか、日本人なのか外国人なのかさっぱりわからない。

ぼくがパチンコ業界にいた時に交換所の人間と顔を合わせたのは2回だけである。最初は「一文無し」の店長愛人おばちゃん。２回目は「サンパチ会館」（いずれも『パチンコ裏物語』参照）で勤務していた時に「現金が不足しそうなので１００万円貸してくれませんか?」という連絡を交換所から受けた時だけである。

今では滅多に無いと思うが、昔は予定よりも玉が出過ぎて営業中にフロントの特殊景品が足りなくなったり、交換所の現金が足りなくなるというケースがあった。

こういう場合「別会社だから知りません」ではなく、別会社とはいえ「助け合いましょう」という事で借用書を書き、現金や特殊景品の貸し借りをしていたのである。

サンパチ会館に勤務していた時に、現金不足に陥った交換所からやって来た男はヤクザでも強面でもなく、30代のぽっちゃりした体型のオタクっぽい男だった。店長の話によると「オーナーの知り合いで、家族経営、親子3人が交代で勤務している」との事だった。

知り合いといえばつい最近、景品交換所の元従業員だった野田さん（仮名、50代、業界歴6年）という方と知り合う機会があり、話を伺ってみた。

野田さんの場合、景品交換所で働くことになったきっかけは広く一般に向けての求人広告ではなく、オーナーの知人の紹介という事で入店したらしい。

「仕事は楽で給料も悪くなかった」という野田さんに「なぜ交換所を辞めたのか」理由を聞いてみた。

「辞めた直接の理由はパチンコ屋が潰れてね。オーナーから『別の店の両替所で働くか？』

と言われたんだけど、紹介してくれた知人がパチンコとは別の商売を始めるって言うからそっちを手伝う事にしたんだ」

野田さんは、もし店が潰れていなければ、今でも交換所の勤務を続けていただろうと続けた。何といっても交換所の仕事は楽だという点が魅力的なのだそうだ。

「勤務中に何か事件はありませんでしたか？」

「事件は無いけど、怖いと思う事は時々あったな。特に交換所に出入りする時は神経を使ったよ。変な野郎が隠れていないかカメラでチェックしてから出入りしていた」

野田さんのところでは事件は起こらなかったそうだが、ぼくが勤務していたパチンコ店では、営業中に交換所が強盗に襲われた事があった。

交換所の従業員が血だらけで「助けて！」と逃げてきたので、警察に通報したところ自作自演だったというオチがついたのだが、交換所には大量の現金が置いてあることは周知の事実なので強盗に遭うこともあるのだ。

「けど、そんなのいちいち怖がっていたらコンビニだって働けないだろ。交換所は楽でいいよ。ヒマな店のぬるま湯に慣れたら普通の仕事はできないな」

と野田さんは言う。

また、現金を扱う現場なので、金銭にまつわるトラブルもよく起こるようである。それについてはどう考えていたのかと尋ねるとこんな返事が返ってきた。

「他の店は知らないけど、うちに限って言えばロクな従業員はいなかったと思うね。交換所ってのは毎日百万単位の現金を扱うわけ。営業前に『タネ銭のン百万円です』なんて若いのが現金を持って来るんだけど、それをそのまま信じると痛い目に遭うよ」

「万札を1枚抜かれているとかでしょ（笑）」

「その通り。逆に多い時もあるんだけどな」

「それは美味しいじゃないですか！」

「受け取った金が少なかったら『バカヤロー』なんだけど、逆に多かったら黙っているよ。間違えた奴が悪いんだから（笑）。こういう金はミスした時の保険だよ。誤差を出したら全額自腹で弁償しなきゃならないんだから」

自腹で弁償とは厳しい話だ。だが、これはどこの交換所でも同じような状況のようである。

野田さん曰く、交換所のオーナーは基本的に従業員をまったく信頼していないそうだ。野田さんが交換所で働くことができたのも、知人の紹介があったからだと言う。問題を起こしても簡単に逃げることができない人しか雇わない、ということなのであろう。

野田さんの話を聞きながら不謹慎だが――ぼくの関心は彼の欠損した右手の小指と薬指に

向けられていた。平均値より短い理由を聞く勇気は無かったが、ぼくの視線に気が付いた野田さんが言った。

「これはあんたが考えているようなモンじゃないよ。単なる事故だよ」

指の話はどうでもいいが、野田さんの勤務していた交換所は紙幣計数機も置いていない、つまり人の手で1枚1枚数える昔ながらの換金システムだったらしい。

建物も「物置小屋」のような粗末な代物である。勤務時間は10時〜23時。知人と交代で1日おきに勤務しており、基本的に1人で11時間連続勤務する。

一度交換所へ入ると余程の用事がない限り外へは出ないらしいが、話を聞いている限りまるで独房だ。最近は交換所も二交代制が当たり前らしいが、野田さんの勤務していた店では〈通し勤務〉の方が当たり前だったらしい。

「通しっていっても大した事ないよ。仕事自体は1日中座って金勘定しているだけ。1人勤務だからうるさい上司はいないし、仕事中に自由にテレビも見られるし、エアコンも完備している。パチンコ屋みたいにタバコ臭くないし、うるさくないし、ふざけた客もとくにはいなかったな。労働環境は悪くないと思うよ」

最近の景品交換所は以前よりも明るくオープンな雰囲気になり、一昔前には当たり前だった物置小屋ではなく、ガラス1枚隔てて客と対面接客する『刑務所の接見室』的な交換所が増えてきた。時代は確実に変わっているのだ。

景品交換所の話といえば某店長が「若かりし頃、交換所で起こった痛い思い出」を語ってくれた。

「その日はスロットで大負けし、少額の特殊景品を手に交換所に向かいました。大景品が1枚、小景品が2枚、つまり約8000円分。6万円も突っ込んでたったそれだけです。それで景品交換所の『交換口』に特殊景品を『ボッタクリ野郎！』と叫んで思い切り投げつけたんですよ」

当時20代で血気盛んだった店長は、大負けしたことも相まって「文句あるか！」と強気の行動にでたのだ。

「すると交換所の扉がものすごい勢いで開いて中から出てきたのは……レッドキングって怪獣がいるじゃないですか。アレですよ。体の割に顔が小さい怪獣ですよ。あの小さくて凶悪な顔を見た瞬間『ああ、俺、もうだめだ』と思いました」

男は一歩……二歩と店長に近づいてきて、目の前に仁王立ちすると「おのれは何してんじゃ！」と唸り、ごっついコブシで顔面を殴ったという。

「たった1発です。1発で前歯が3本吹っ飛んで行くのが見えました」

「……男を訴えたんですか？」

「そのパチンコ屋は地元でも『ヤクザが経営している』という噂の店でした。噂は本当だったと確信しましたよ。ヤクザ相手に喧嘩はできないので顔面血だらけで逃げました。訴えるなんてとんでもない。あれ以降、前歯は３本とも差し歯です」

景品交換所の痛い話はぼく自身も経験があるのだが、それはまた別の機会に譲りたい。

何度も言うが、「君子、パチンコに近寄らず」なのである。

9　修理せずに放置せよ

千葉のあるパチンコ屋へ行った時の話である。仮にA店としておこう。

チャンスボタンを押しても無反応の台があった。

台を乱暴に扱う客が多いので「たまたま壊れていたのだろう」ということで諦め、移動して同一機種を打ったところこの台もボタンが壊れている。さらに別の台に移動して打ってみるとこれも壊れている。

通りかかった店員に「チャンスボタンが壊れている。楽しむ以前に無駄金を使ってしまったではないか」と訴えた。店員は台を開けて何やらゴソゴソやっていたが事態が好転する気配が感じられない。

別の店員にも事情を説明し「次に来るまでには直してほしい。直らないなら台を止めてくれ」と言って帰宅した。

後日、再び問題の台を1台ずつ試し打ちしてみると全台壊れたまま営業中である。店員を呼びつけて「全然直っていないじゃないか。壊れたまま営業するとはどういうことだ！」と注意すると「きちんと直しました」と言う。

「直っていないじゃないか」と追及すると、

「エアーを吹き付けたら直りました」

「エアーで直るんかい！」

実話である。

埒が明かないので役職者を呼び出して事情を説明すると頷きながら、「お客さまの話はよくわかりました」と言う。

「責任をもって修理するということだな？」

「はい」

後日確認に行くと案の定、壊れた台のまま元気に営業中である。

もう一度責任者を呼び出して問いただすと「きちんと直しました」と言う。

「潤滑スプレーを吹きつけたんですけど、直っていないですか？」

壊れた台を修理するでもなく、部品の交換をするでもなく、表向きは「潤滑剤を吹き付けた」と言いながら何もしていない。

実は最近同じトラブルを別の店Ｂ店でも味わったばかりなのである。

その際Ｂ店の役職者はこう言った。

「ボタンが壊れていても大当たりとは直接関係ないので大丈夫です！」

爆弾発言である。

「大当たりとは関係ないという話じゃなくて『壊れているのを知りながら客に金を使わせているのが問題』なんじゃないの？」

役職者は複雑な表情を浮かべながら「……後で直しておきます」と言った。

後日確認すると、案の定、壊れた台のまま営業中である。図太いというか、客を舐めきっているというか、こういう店も少なからずあるのだ。

話をA店に戻そう。

「結局どうするつもり？　壊れているのにこのまま営業を続けるわけだ」

「今から私が責任をもって直します」

「営業中に台を修理するの？　普通は客から指摘があった時点で止めるんじゃないの？」

ぼくの頭の中の小動物が「面倒くさいからさっさと110番しちゃえよ！」と騒ぎ出した。この場で警察を呼んでも構わないのだが、ぼくも鬼ではない。帰り際に一言だけ助け舟を出しておいた。

「壊れている台はすぐに止めたほうがいいぞ」

家に帰ると110番した。

「壊れている台があると何度も指摘しているのに、故意に放置したまま営業を続けている店があります」

「どこの店ですか？　今すぐ確認に行きます！」

どこの署とは言わないが、フットワークの軽い素晴らしい警官である。

警官がパチンコ屋に到着すると、台にはすでに『故障中』の札が入れられていた。パチンコ屋の対応が一歩遅れれば大問題になったであろう。

警官は「店長と役職者に厳しく指導した」と言ったが、パチンコ屋が懲りているとは全然思えない。当該役職者は「お客さまには何度も謝罪しました」と言っていたらしいが、謝罪どころか最初から最後まで「直した」の一点張りである。謝罪などとんでもない。

今回のケースは特別な例ではない。壊れている台を『故障中』にして停止している店がある反面「バレなきゃいいや」と放置したまま営業している店がある。

釘折れは玉がボロボロ入るから店の損になる――こういう場合は即、台の停止をする。しかし今回のようにボタンの不良やジェットカウンターの読み込み不良、賞球の払い出し不良で客が損をするケースや、直すのに手間や金がかかる場合は放置する、つまり「店が損する場合は即、停止」し「客の損には見て見ぬふり」という体質が見て取れる。

某店長が言っていた。

「阪井さんが言うのもわかるんですけど、整備にむちゃくちゃ時間と手間のかかる台があるんですよ。某メーカーの台なんてネジを外すだけで100本近くあって1台直すのに朝までかかるケースがあるんです。現実問題として、いつ寝るんだって話ですよ。まあ、言い訳ですけど」

言い訳である。大変だから、金がかかるから——すべて言い訳である。

「言い訳したい」その気持ちは元店員としてよくわかる。役職者の万年睡眠不足という現実もよく知っている。知ったうえで、だからといって放置していい話ではない。

後日、両パチンコ屋を覗いてみた。

問題の台は撤去され、新台と入れ替わっていた。入れ替え予定の台だったから修理せずに放置していたのだろう。

修理しない理由はどうあれ、客が不良台に突っ込んだ金は戻ってこない。パチンコの客離れ、パチンコが振るわない原因は、客1人1人に与えている「不愉快な出来事の積み重ね」なのだと思う。

個人的な意見だが、業界人の意識改革はまだまだ時間がかかる問題だと思っている。

10　砕けた拳

（注）以下はパワハラという言葉が世間に浸透していなかった時代の話である。心の弱っている方、正義感にあふれている方の心に傷をつける事があるのでご注意ください。

北関東のとあるパチンコ・チェーン店『めだか（仮名）』の話である。

めだかの大将、もとい、めだかの店長、坂本（仮名、50代）はアルバイトで入社し、長い下積み生活の末に店長になった自称「苦労人」である。ある日、苦労人の店長が閉店後に役職者を呼びつけて言った。

「店長見習いの堀（仮名）という奴が近々配属されて来る。同じシフトになったら現場の基本的な仕事を教えてやってくれ」

突然の店長見習い出現！　という衝撃的な発言に、パチンコ屋の底辺でくすぶり続けている万年中間管理職の通称、アン、ポン、タン、3名が明らかに動揺した。ちなみにアンとはぼくの事であり、ポンとタンは今では名前すら忘れてしまった幽霊のような同僚店員である。

「店長見習いっていうのはパチンコ屋の経験が長い人ですか?」

ポンの質問に店長が一昔前の音声合成ソフトのような声で言った。

「全くの未経験者だ」

タンがため息交じりに「マジかよ」と呟いた。マジかよという言葉の中に「おいおい、冗談じゃねえぞ」という呆れと嫉妬を含んでいた事を店長が気付くはずもないだろう。人の心を知らないから釘や設定が打てるという噂もあるが、客に対しても部下に対しても、日頃から思い切り他人事の店長なのである。

堀の年齢は38歳。妻と小学生の子どもが1人いるという。ファミレスの店長だった経歴を買われて採用されたという話である。

38歳未経験男子の話をあれこれ聞かされてもぼくの人生で何かが変わるわけではない。いつものように「まあ、しゃーねーな」で終わりである。ぼくは誰が店長になろうがなるまいが関係ない。「そうっすか」で終わり。

しかし、店長への道という険しい階段を一歩一歩登りながら頂上を目指していたポンとタンは明らかに怒っていた。誰が見ても「くっそー、いじめてやる」という表情である。

もちろん2人の表情を見ても坂本店長が何を言うこともない。改めて言うが、他人に無関心な男なのである。

新人イジメ問題はポンとタンに任せるとして、どんなナイスガイが現れるのか期待に胸躍らせていると、後日やって来たのはごくありふれた大人しそうなサラリーマン風の男だった。悪い意味でやる気満々のポンとタンは堀を一目見るなり「何日で逃げ出すか賭けをしよう」と暗い提案をしてきた。イジメ前提の賭けなのだから純粋な賭けにはならないのだが、ここは2人の好きにすればいいだろう。ぼくには関係のない事だ。

しかし2人の思惑とは別に、堀がパチンコ屋を辞める事態にはならなかった。なぜならば、堀は一切ホールへ出なかったのだ。後で聞いた話だが、彼と同行してきた本部の部長が店長に言ったらしい。

「堀はホールに一切出さなくていい。掃除やドル箱運びなど、バイトレベルの仕事なんぞ覚えても意味がない。台の故障やトラブルもベテランの店員に任せておけばいい。堀には店長業務だけを集中的に教えろ」

ホールで堀をイジメる事だけを楽しみにしていたポンとタンは部長の指示を店長から聞き、ガソリンが切れた車のように事務所の椅子にへたり込んでエンストした。堀の不戦勝である。戦う前に店長の椅子争奪戦に敗れた2人は、「……どうせオレたちなんか」というイジケモードに突入。日頃からやる事のないぼくも2人に交ざって悲劇の主人公を演じた。

その後、堀は営業中一切ホールに出ず、店長と事務所でマンツーマンの指導を受けていた。

ある日、堀が休日のためぼくが代わって売上金の勘定をしていると店長が言った。

「あの野郎、パチンコ屋を舐めてんな」

「あの野郎って誰の話ですか?」

「堀だよッ!!」

店長の怒りの源は不明のまま、翌日から店長の露骨なパワーハラスメントが始まった。

店長見習いの新人、堀は早番遅番の引き継ぎ時に従業員全員の前で「いかに仕事ができない人間か」というテーマで延々と説教をされ、また役職者と店長の4人で行っていた設定変更やモーニング、簡単な調整を押し付けられた上に、「遅い!」「グズ!」「ノロマ!」と暴言を浴びせられる日々なのである。

日頃から青白い堀の顔が、一段と白く見える。イジメ担当のポンとタンも店長の執拗な口撃に「ちょっと、やり過ぎじゃないのかなぁ」という顔をしていた。

しかし店長は微動だにせず、堀を追い込む事に情熱を傾けていた。もう一度改めて言うが、店長は他人の心に無関心な男なのである。

重苦しい事務所の雰囲気に、当事者の堀のみならず周りの人間の精神まで崩壊しかねない日々が続いた。

店長と堀の痛い関係は従業員の間で1番の話題となり、堀が店長から攻撃を受けるきっかけになった言葉を偶然耳にした店員が「ここだけの話」という事でポンとタンに伝えたために、ここだけの話は半日後には全員に伝わっていた。

「ファミレスに比べたらパチンコ屋の仕事なんて楽なモンですよ」

この一言が、下積み生活の長かった店長のプライドをひどく傷つけたらしい。他人の痛みには無関心だが、自分を傷つける奴は許さない。そういう事だろう。


ある日、偶然に堀と話をする機会があり「パチンコ屋も大変でしょ?」と尋ねると「大丈夫ですよ。全然大した事ないです」という答えが返って来た。

大丈夫。しかも全然大した事ないとはなかなか打たれ強い男である。そして、店長ほどではないが少々カチンと来る物の言い方だ。ここは嘘でもいいから「思っていた以上に大変ですね。やりがいがありますね。ベテランの方は凄いですね」と言えるぐらいに世渡りが上手くなければ、生き馬の目を抜くパチンコ屋で生き残るのは厳しいのではあるまいか。

余計なお世話かもしれないが、ここはもう一丁、キツい一発を店長から食らっておいても損はないだろう。筋肉を傷めつけると「超回復」といって強くたくましくなる。将来の店長候補、堀には身も心も「超回復」していただいて、立派な立派な店長様になっていただかなければなるまい。

ぼくは店長に「今日、堀さんから直接聞いたんですけど、パチンコ屋は全然大した事ないらしいですよ」と軽くガソリンを入れておいた。店長は「……あの野郎」と呟き、何かを決意したように拳を鳴らした。

翌日から店長の愛の鞭というシゴキは更にエスカレートし、新台入れ替え提出書類にイチャモンをつけては5回、10回と堀に書き直させた。

11回目の書き直しを命じられた時、堀が頭を抱えながら「阪井さん、これのどこが間違っているか教えていただけませんか？」とべそ顔で訴えてきた。

「うーん、よくわかんなーい」と言って放置プレーにしようと思ったが、ぼくの中の不完全な良心回路が「助けてやれよ」とコオロギの姿で訴えてきた。ぼくは堀を従えて事務所に入ると「これでOKですか？」と目に力を入れながら書き直していない書類を店長に手渡した。

店長はぼくから書類を受け取ると、無言で机に仕舞い込んだ。

その日を境に、堀は言動を一変。「阪井さん、阪井さん」と妙になつきだし、頼んでもいないのにジュースやエロ本の差し入れをしてくれた。

魚心あれば水心である。エロ本1冊につき1回助けてやってもいいんじゃね。コオロギが囁いた。

とはいえ、営業時間中いつでも堀を助けてやれるほどぼくもヒマではない。ぼくの目の届かない所で、堀は店長からキツイ愛の鞭を受け続けていたらしい。

ある日、早番と遅番の交代時間で事務所に入ると「何度同じ事を言わせるんだ、バカヤロー！」という店長の怒鳴り声が聞こえた。次の瞬間、奥の部屋からドスンという鈍い音。そして店長の「痛え、コノヤロー」という声。

奥の部屋を覗いてみると店長が右の拳を握りしめながらうずくまり、堀が無言でニヤニヤ笑いながら店長を見下ろしていた。

「どうしたんですか？」

店長が目に涙を浮かべながら言った。

「……このボンクラがよけやがった」

店長は堀を殴ろうとしてよけられ、拳をコンクリートの壁に思い切り打ちつけたらしい。確認すると1・5倍の大きさに腫れ上がっている。救急車を呼ぶのは格好悪いので、ぼくの車に乗せて店長を病院に運んだ。結果は全治1カ月である。合掌。

ギプス姿で戻って来た店長は「お前のせいで釘が叩けねえじゃねえか！」と堀に怒鳴っていたが、誰の目から見ても悪いのは一方的に店長であろう。パチンコを舐めている、舐めていないという話はすでに遠い世界の話になり、今は単なるパワハラ上司が自爆しただけという情けない話になっている。

店長の拳が砕けた数週間後——突然、堀はパチンコ屋を辞めた。

堀はぼくだけに辞める理由を話して去って行った。

「パチンコ屋が嫌いになったのではありません。もう少し都心で暮らしたいんです」

どうやら、近所の小学生がヘルメットをかぶって自転車通学している姿が嫌で、自分の子どもに同じ格好をさせたくないという事らしい。

「交通の便の良い環境で育てたいんです」と言っていた堀は、都心の大手パチンコチェーンに「店長見習い」として採用された。またしても「店長候補」である。

パチンコ屋で働いていると古参の店員と新人店員の間でトラブルが起こる事がある。大抵は「古い人間を出し抜いて偉くなった」というヒガミなのだが、いい歳こいていつまでも平社員だったおっさんが突然、偉くなれるはずがない。

ポンとタンではないが「どうせオレなんて」という諦めも時として人生には必要なのかもしれない。頑張るばかりが人生ではないだろう。もう少し、気楽に生きる事ができれば人生は楽しくなるのではあるまいか。

堀が現在どのような地位なのかは知る由もないが、もしもパチンコ屋で偉いポジションにいるのならぼくを店長として採用していただけないだろうか。エロ本でいいと言うなら腐るほど持っているので献上させてもらいたいのである。

あとがき

最初の本である『パチンコ裏物語』の出版から、早いもので4年が過ぎようとしています。「はじめに」でも書いたとおり、この4年の間にパチンコを取り巻く状況は大きく変化しました。

読者の方々と話をする機会があるたびに「パチンコを打ってますか？」という質問をします。以前は「正直、辛いですよね。行く回数が減りました」という答えが多かったのですが、最近は「……もう打てないですね」という答えが多くなりました。確実にパチンコ屋は減少、そしてパチンコファンも日々減少しております。

不謹慎な言い方になりますがこれは非常に良い事だと思っています。すべてはパチンコ屋の「原点回帰」への第一歩だと言えるでしょう。

パチンコ業界は巨大になりすぎました。巨大な箱は一度壊してゼロからやり直すべきです。小銭で遊べる庶民の娯楽。それが本来のパチンコです。いつから「1万円をサンドにブチ込む」のがパチンコの当たり前になったのでしょう。何かがおかしい。狂っているのです。

換金問題も「本来は少額換金でこそこそ営業すべき日陰の業界が目立つ存在になった」ために叩かれているのだと思っています。

パチンコは「危機的状況にある」という考え方がある反面「今がチャンスだ」という業界人もいます。「この業界を何とかしたい」と真剣に考えている業界人もいるようです。今回協力してくれた店長の中には「最近のパチンコ屋は救いようがない」というぼくの考え方と対立する立場の方も少なくありません。業界愛に溢れた店長も多いのです。

「問題の多い業界だが、一方的にむちゃくちゃ言われて良いわけではない」

「酷い業界と言われているが素晴らしい経営者も存在する」

店長諸氏の言い分を聞きながら、ぼくなりにまとめた1冊が本書です。

パチンコの「良い点」に触れる事ができなかったのが心苦しいですが、最近の荒っぽい営業を見るにつけ「やはりかばい切れない」という気持ちになるのが偽らざる本心です。

「パチンコをやめたい」というファンが増える一方で、それでもなお「パチンコが好き」というファンも存在します。

パチンコ愛のファンに対して「真実に迫りたい」「勝つ方法ではなく少しでも負けを減らして遊んでいただきたい」という店長諸氏の気持ちも伝われば幸いです。

パチンコの過去を振り返り、現状を見つめつつ、遊技場という名のギャンブル場がこれからどうなっていくのか――パチンコファンと一緒に今後も見届けていきたいと思っています。

さて、大変名残惜しくはございますがそろそろ閉店のお時間となって参りました。

相変わらずバカな店員がいたもんだと笑っていただければ幸いでございます。

読者の皆さま、ブログでいつも応援してくださる皆さまにおかれましては感謝の言葉しかございません。

彩図社の皆さまにおかれましては、今回も原稿を採用していただきまして心から感謝しております。

本書に協力してくれた店長諸氏にはこの場で「ありがとうございました」そして「お疲れ様でした」。

最後に、この本に関わってくださった皆さまに出玉10兆発分の幸あらんことをお祈り申し上げます。

Ｊａｎｎｅ　Ｄａ　Ａｒｃ『振り向けば…』を聴きながら　２０１４年10月26日

阪井すみお

【参考・引用文献】

〈書籍〉

- 宮塚利雄『パチンコ学講座』（講談社）
- 紙の爆弾特別取材班『パチンコ業界のアブナい実態』（鹿砦社）
- 湯川栄光『パチンコ沈没』（こう書房）
- 吉田ルイ子・扇谷正造ほか『パチンコのための夜想曲集』（大和書房）
- 溝口敦『パチンコ「30兆円の闇」』（小学館）
- 伊藤耕源『「パチンコ依存症」からの脱却』（すばる舎）
- 山下實『脱パチンコ』（自由国民社）
- 三井慶昭『パチンコ経営革命』（ＩＮ通信社）
- 桜井章一『ツキの正体』（幻冬舎新書）

〈ホームページ・ＷＥＢ〉

- 一般社団法人遊技産業健全化推進機構、機構ニュースより、機構ニュース発刊（２００７／６／25）～機構ニュース10月号（２０１４／９／22）
- 遊技通信ＷＥＢ（http://www.yugitsushin.jp/）
- WEB・GreenBelt（http://web-greenbelt.jp/index.php）より、検索キーワード「換金問題」「三店方式」「遠隔操作」「中古機流通制度」「脱税」「出玉規制」「裏ロム」「摘発」「不正改造」「消費税」など
- Yahoo!　知恵袋（http://chiebukuro.yahoo.co.jp/）より、法律相談「パチンコ屋の駐車場にゴミを1袋不法投棄

してしまい後日警察から連絡ありました」
・ウィキペディア（http://ja.wikipedia.org/）より、検索キーワード「ホールコンピュータ」

〈協力〉

・ＣＲＡナカムラ（38歳）
パチンコ店店長10年・統括営業本部長2年、在任中からメディア露出を行い独立。漫画雑誌「パチスロ激魂（双葉社）」にて連載の「パチバカ店長ナカムラ！」の原案を担当。7RUSH@スポニチにてコラム「No pachinko No life」を連載。業界誌「遊技日本」にて「ぱちんこ閑話休題」を連載中。動画サイトBASHtvにてライターとして出演。打ち手目線からのパチンコ経営論が身上。アンチパチンコ派には常に「批判するのは構わないが、正しい情報をもって批判してくれ！」と言い続けているのも有名。

・友梨かもめ（?歳）
１９９９年、集英社スーパージャンプにて漫画家デビュー。以来大手出版社とケンカ別れすること多数、出禁出版社多数。ひねくれてパチプロをしていた２００７年頃、竹書房「漫画パチンコ７７７」誌に拾われパチンコ漫画を描くようになる。パチンコでは10年間無敗だったが最近全く勝てなくなり漫画でメーカー批判を繰り返し編集部に腫れ物扱いされる日々を過ごす。現在、女性向けのファッションデザイナーからテキ屋まで幅広く活躍中。ハリウッドで女優になることが生涯目標らしい。

両氏の他、現在も業界に身を置いている立場から名乗る事のできない現役店長、元店長の貴重な意見を参考にさせていただきました。ありがとうございます。

著者紹介

阪井 すみお（さかい・すみお）

北海道出身。高校卒業後、アニメーター、司法書士補助者、ビル管理などの職業を経た後、パチンコ店員として各地を放浪する。40代の肉体に10代の心を持つアウトロー。

好きな作家は『D・クーンツ』『J・ケッチャム』『S・キング』などのSF、ホラー系。

現在、千葉県在住。好きな言葉は『ネバーランドへ連れてって』。

〈ブログ〉
阪井すみおの境目の人生（表）http://ameblo.jp/sakai-sumio/
阪井すみおの境目の人生（裏）http://sakaisumio736.blog.fc2.com/

パチンコ裏物語《うらものがたり》　店長大暴露編《てんちょうだいばくろへん》

平成26年12月11日 第1刷

著　者　阪井すみお

発行人　山田有司

発行所　株式会社 彩図社
〒170-0005
東京都豊島区南大塚3-24-4
MTビル
TEL:03-5985-8213　FAX:03-5985-8224
http://www.saiz.co.jp
http://saiz.co.jp/k（モバイルサイト）→

イラスト　梅脇かおり

印刷所　新灯印刷株式会社

ISBN978-4-8013-0037-8 C0195